U0686030

文史资料选辑

【第一七九辑】

—— 全国政协文化文史和学习委员会 主办

中国政协文史馆 编

中国文史出版社

图书在版编目（CIP）数据

文史资料选辑．第179辑／中国政协文史馆编．
北京：中国文史出版社，2024.7. —ISBN 978-7-5205-4733-8

Ⅰ. K250.6

中国国家版本馆CIP数据核字第2024C9F000号

责任编辑：王文运　　　　　装帧设计：王　琳　欧阳春晓

出版发行：中国文史出版社
社　　址：北京市海淀区西八里庄路69号　　邮编：100142
电　　话：010－81136606　81136602　81136603（发行部）
传　　真：010－81136655
印　　装：北京科信印刷有限公司
经　　销：全国新华书店
开　　本：787mm×1092mm　1/16
印　　张：13.5
字　　数：200千字
印　　数：7500册
版　　次：2024年12月北京第1版
印　　次：2024年12月第1次印刷
定　　价：52.00元

目 录

从“跟跑者”到“领跑者”

——中国高速铁路发展历程回顾

孙永福 *

中国高速铁路，是指新建铁路设计开行时速 250 公里（含预留）及以上动车组列车、初期运营时速不小于 200 公里的客运专线铁路。从 1990 年铁道部呈送《京沪高速铁路线路方案构想报告》，到 2008 年 8 月 1 日中国第一条高速铁路——京津城际铁路建成通车，标志着中国开始步入高铁时代。在漫长的建设前期工作中，我国借鉴世界高速铁路经验，组织高速铁路技术研究，反复进行方案论证；开展重大工程实践，通过集成创新和引进消化吸收再创新，实现全面自主创新。中国高速铁路在设计、制造、施工、运营等方面取得了一系列重要成果，建立了完整的高速铁路技术体系，走出了一条发展高速铁路的成功之路，实现了从“跟跑者”到“领跑者”的飞跃。

三大争论问题

在我国高速铁路前期研究过程中，曾发生过三次大的争论，主要集中在：要不要修建高速铁路？采用什么技术路线（磁浮技术还是轮轨技

* 孙永福，中国工程院院士，第十、十一届全国政协常委，经济委员会副主任，曾任铁道部常务副部长（正部长级）等职。

术）？要不要引进高速动车组技术？经过反复研究论证，逐步统一认识，作出了正确抉择。

争论之一：要不要修建高速铁路

在改革开放形势下，中国铁路不仅承受着运输能力严重不足的巨大压力，而且面临着运输速度低、服务质量差的竞争挑战。因此，铁道部在集中力量扩大主要干线运输能力的同时，开始思考新建高速铁路问题。1990 年 12 月，铁道部完成《京沪高速铁路方案研究初步设想》，希望列入“八五”科技攻关项目。

为什么首选修建京沪高速铁路？这是因为，京沪大通道贯穿四省三市（直辖市），连接环渤海经济区和长江三角洲经济区，辐射范围人口稠密、经济发达。沿线省市土地面积占全国 6.5%，人口占全国 25.8%，国内生产总值占全国 39%，是我国经济、社会最发达的地区。京沪铁路营业里程占全国铁路的 2%，所完成的旅客周转量和货物周转量却分别占全国铁路的 11.9% 和 8%，因而是世界上最繁忙的铁路干线。在沿线地区经济社会加快发展的形势下，铁路运量大幅增长，运能已经接近饱和，个别地段已经饱和。乘车难、运货难最为突出，迫切需要新建高速铁路。

铁道部开始研究高速铁路基础技术，初步提出京沪高速铁路线路走向和方案。1993 年 4 月，由国家科委、铁道部会同国家计委、经贸委、体改委（简称“四委一部”）组成课题组，有 47 个单位 120 余位专家参加，开展京沪高速铁路重大技术经济问题研究。1994 年 3 月 4 日，“四委一部”5 位负责人签发（铁道部由我签字）《关于报送京沪高速铁路建设的请示》，呈送国务院。认为“修建京沪高速铁路十分必要，技术、经济上可行”，“应尽快批准立项”。中央领导对京沪高速铁路建设前期工作进展特别重视。1994 年 5 月 13 日，国务院总理办公会议听取了建设京沪高速铁路汇报。1994 年 6 月 8 日上午，时任中共中央总书记江泽民在中南海勤政殿主持召开中央财经领导小组会议，铁道部部长韩杼滨和我汇报了京沪高速铁路项目前期研究情况，表明了铁道部对修建京沪高速铁路的态度，建议开展项目预可行性研究。参加会议的时任国务院总理李鹏，副总理朱镕基、邹家华、李岚清，中央书记处书记温家宝等领导发言后，江泽民总书记在总结讲话中指出，“会议原则同意铁道部关于京沪高速铁路开展预可行性研究的建议”。会后印发了《纪要》。

两天后，在北京召开的“香山科学会议”（第18次学术讨论会），以中国高速铁路技术发展战略为主题展开讨论，有的专家对中国是否需要高速铁路展开激烈争论。1994年11月7日，铁道部成立“京沪高速铁路预可行性研究领导小组”，韩杼滨任组长，孙永福、傅志寰任副组长，部署开展京沪高速铁路预可行性研究。韩杼滨部长要我具体负责。我了解到上海铁路局原总工程师华允璋在“香山科学会议”上发言，不赞成建设京沪高速铁路，认为“京沪高速铁路不宜立项上马”；1996年3月，铁道部专业设计院原副院长姚佐周以个人名义给参加“两会”的全国人大相关省份代表团、全国政协有关界别送了一份关于缓建京沪高速铁路的建议，认为“新建高速铁路并非当务之急”。1996年2月和4月，铁道部两次召开研讨会，我请两位老专家到会，认真听取了他们的意见。我对他们关心铁路发展表示感谢，同时也作了相应解释。他们的意见归纳起来主要有两点：一是既有京沪铁路还有潜力可挖，可采用摆式列车提高速度，投资少、效益好，没必要新建京沪高速铁路；二是京沪高速铁路研究报告“高估运量、低估投资”，不符合国情，中国人均产值低、消费水平低，修了高铁老百姓也坐不起。我针对这些意见详细谈了自己的看法。我说：现在既有京沪铁路运输能力利用率已达98%，有的地段已经饱和，仅靠技术改造很难满足运量增长需要；既有线采用摆式列车，可以提高速度20%左右，难以实现高速度水平。该项目预测经济效益比较好，财务内部收益率为9.1%，经济内部收益率为14.9%，票价不会太高，仅比特快列车硬卧票价贵些。

1996年5月3日，铁道部向国务院呈报了《京沪高速铁路预可行性研究情况的报告》。随后，国务院总理李鹏听取了铁道部汇报。铁道部报送了《关于新建京沪高速铁路开展预可行性研究的建议》。1997 年铁道部又按国家计委要求提交了“补充报告”。经中国国际工程咨询公司评估后，国家计委将《新建北京至上海高速铁路项目建议书》报送国务院。1997 年 12 月 26 日至 28 日，时任国务院副总理朱镕基视察京九铁路。在专列上，朱镕基副总理同我进行了长达 1 个多小时的谈话，我汇报了对新建铁路项目的思考和建议。当谈到京沪高速铁路建设时，朱镕基副总理强调，铁道部近 3 年主要目标是扭亏为盈。京沪高速铁路要充分论证，听取不同意见和不同方案，不能仓促上马。要建高速铁路就要用世界一流的先进技术，不能只是跟着别人后面跑。他语重心长地对我说，由你负责先搞个机构，花 3 年时间做好准备。修建京沪高速铁路是一个重大战略决策，是一个重大历史事件，将载入史册。我表示一定认真贯彻落实，不辜负领导期望。

争论之二：磁浮技术还是轮轨技术

铁道部总工程师沈之介参加 1994 年 6 月“香山科学会议”后对我说，中国科学院院士严陆光在会上就“超导磁体技术与应用的进展”作了发言，另一位专家介绍了“世界磁浮列车发展的回顾与展望”，建议“抓紧安排高速磁悬浮列车研究”。当然，这只是专家学术观点的研讨交流。1998 年 6 月 1 日在中国科学院、中国工程院院士大会上，时任国务院总理朱镕基讲话时提到京沪高速铁路是否可以用磁悬浮技术，希望能用新技术路线取得跨越式发展。严陆光院士当时正在美国参加一项科研活动，未能出席两院院士大会。他回到北京获此信息后，6 月 11 日致信朱镕基总理，介绍了日本和德国磁悬浮交通研究情况，认为“大力加强高速磁浮列车的发展则是十分必要的”。朱镕基总理在信上作了批示，大意为：请志寰、永福阅。请和严陆光同志谈一谈。我还是那个意见，同德国合作，自己攻关，发展磁悬浮高速铁路体系，先建试验段。1998 年 7 月底，我带着沈之介总工程师等拜访了中国科学院电工所所长严陆光院士。我们进行了深入交流，对建设磁悬浮试验段有共识，但铁道部认为新建京沪高速铁路不宜采用磁浮技术。

自 20 世纪 80 年代后期以来，我曾率团先后考察过日本、法国、德国、意大利、西班牙等国高速铁路（轮轨技术），也考察过德国和日本的高速磁浮铁路。当时我国磁浮技术研究机构主要有 4 个：铁道科学研究院、西南交通大学、国防科技大学和中国科学院电工所。我同这 4 个单位专家教授多次交流，并于 1998 年 6 月 23 日至 7 月 8 日率领 12 人组成的考察团，重点考察了德国磁浮系统、德国 ICE 高铁系统和法国 TGV 高铁系统。回国后写了一份《德法高速铁路考察报告》。专家教授们详细比较了磁浮技术与轮轨技术的特点，认为轮轨技术成熟，我们可以实用；磁浮技术尚未商业化，可先建磁浮试验线。为了厘清中国高铁发展技术路线，中国工程院组织了专题研讨，对磁浮技术和轮轨技术进行比较论证，表示赞同轮轨技术方案。

1998 年 9 月 29 日，我再次征询了科技部副部长徐冠华的意见。他说，应该对未来我国交通运输方式统筹考虑作出安排；我国不能像西方发达国家那样，到处修高速公路，到处修飞机场，铁路在运距 1000 公里左右有很大优势；把磁浮技术现在就用在京沪高速铁路确有不少实际问题，可以选择合适的地方先搞磁浮试验线。

1999 年 4 月，中国科学院徐冠华、何祚庥、严陆光等三位院士联名写信给朱镕基总理，认为“在京沪线上采用轮轨技术方案可行”的结论不妥，建议进一步深入细致地论证。朱镕基总理批示中国国际工程咨询公司董事长屠由瑞组织研究。1999 年 9 月，屠由瑞召集各部门专家再次论证，认为京沪高速铁路采用轮轨技术优势显著。1999 年 9 月 30 日，严陆光又给朱镕基总理写了第三封信，认为建设一条磁浮试验运营线是当前应采取的最重要措施。后来经过北京市、上海市、深圳市多个方案比较，在上海市建设陆家嘴至浦东国际机场试验线的方案胜出。1999 年 10 月，铁道部宣布撤销京沪高速铁路预可研小组和办公室，正式成立铁道部高速铁路办公室，由我兼任主任，华德洪、韩启孟任副主任，负责研究和组织高速铁路建设（铁劳卫〔1999〕128 号文）。在抓紧京沪高速铁路技术论证的同时，扎实推进自主探索研究，进一步优化线路走向和重点工程设计方案，开展昆山软土工程试验段建设。

2000 年 6 月 12 日 17 时许，在中南海朱镕基总理办公室召开了一个小会。到会的有吴邦国副总理，国家计委主任曾培炎、副主任张国宝，科技部副部长徐冠华，中国工程院副院长朱高锋，中国国际工程咨询公司董事长屠由瑞，以及铁道部部长傅志寰和我。朱镕基总理说明会议主要研究京沪高速铁路问题，然后朝着我说："永福先说，你是专家。"我把带来的铁道部汇报提纲送给各位领导，对磁浮技术与轮轨技术进行了比较。磁浮高速技术优点主要是列车与轨道无接触（没有摩擦阻力），加速度大，运行速度快（时速 400 公里至 500 公里），爬坡能力强（最大 10%），曲线半径小，噪声相对低等。但尚未投入商业运行，也不能与轮轨系统兼容。如果在京沪高速铁路这样的长大干线采用磁浮技术，技术风险和经济风险太大。相比而言，国际上轮轨高速技术已有 30 多年运营实践，技术成熟，安全可靠，可与既有铁路兼容。其缺点是有轮轨摩擦力，噪声相对较大，纵坡受一定限制，运行时速为 300 公里至 350 公里。建议京沪高速铁路采用轮轨技术。磁浮技术可先在大城市修建一条短线试验，经过商业运营验证后再研究扩大使用范围。到会各位领导发言基本上都赞同在京沪高速铁路采用轮轨技术，也赞同修建一段磁浮技术示范线。徐冠华副部长发言强调中国地广人多，高速磁浮交通有很大发展空间。最后，朱镕基总理要求抓紧研究高速磁浮示范线方案。

2000 年 6 月底，朱镕基总理访问德国。派出由张国宝、徐冠华和我以及其他同志组成的先遣团，于 2000 年 6 月 14 日提前到德国为朱总理访德做准备。我们先考察了德国第三代高速列车ICE 3（时速330公里）和德国埃姆斯兰TR型常导磁浮列车试验线（全长31.5公里，时速430公里，列车悬浮间隙10毫米）。然后，同德国磁浮公司（TRI）商谈在中国上海合作事项，双方达成共识。6月30日，在中国总理朱镕基和德国总理施罗德主持下，上海市市长徐匡迪与德国磁浮公司总经理格哈德·瓦尔签署了上海市浦东国际机场至陆家嘴磁浮列车示范线可行性研究协议。7月2日，朱镕基总理乘德方专列到拉藤市，参观了德国磁浮列车试验场并十分高兴地乘坐了常导磁浮列车。

同年10月，朱镕基总理访问日本。10月9日，我作为先遣团成员提前到达日本。我们先后考察了日本东海道新干线500系列（时速270公里）、山阳新干线（时速300公里）及山梨超导磁浮试验线（全长18.4公里，最高时速500公里，列车悬浮间隙100毫米）。日本专家说，他们还在进一步研究改进超导磁浮列车性能，降低能耗和噪声，并计划修建东京—名古屋—大阪的中央磁浮新干线。朱镕基总理到达日本后，13日乘坐了700系新干线（时速270公里），16日试乘了超导磁浮列车（最高运行时速

2000年10月访日期间，作者（中）会见日本友好人士冈田宏先生（右）

日本超导磁浮列车

上海常导磁浮列车（车型与德国 TR 型常导磁浮列车基本一致）

450 公里）。下车后，朱镕基总理对记者表示:“试乘超导磁浮列车的感觉还不错，也没有头晕现象，但与德国常导磁浮列车相比，噪声和震动显得略微大了些。”

上海市磁浮列车示范线从龙阳路至浦东国际机场，全长 33 公里（其中正线 29.863 公里）。2000 年 8 月，由国内 6 家企业联合成立了上海市磁浮交通发展有限公司。该项目很快得到国务院批准，铁道部表示大力支持。在项目前期工作中，我派遣了几名专业技术干部协助参加项目可行性研究，并要求设计、施工企业积极参与磁浮示范线基础设施建设。2001 年 1 月 23 日，在上海市政府举行了该项目合同签字仪式，科技部副部长徐冠华、外贸部副部长张祥和我应邀出席。2001 年 3 月 1 日，上海磁浮列车示范线举行开工仪式。2002 年 12 月 31 日，示范线试运行通车。国务院总理朱镕基和德国总理施罗德作为首批旅客全程乘坐，只用了不到 8 分钟时间。这标志着世界第一条商业化运营的高速磁浮示范线已开始试运营。

随后几年，铁道部继续深入论证磁浮技术和轮轨技术，明确我国高速铁路发展采用轮轨技术，同时跟踪磁浮技术。2003 年 8 月 28 日，江泽民总书记在赴长沙视察国防科技大学的专列上指出：京沪高速铁路就用轮轨技术，也同意在上海建设磁浮示范线。2004 年 1 月 7 日，时任国务院总理温家宝主持国务院常务会议讨论并原则通过了《中长期铁路网规划》（其中有快速客运网规划），采用轮轨技术终于定案。

争论之三：要不要引进动车组技术

在高速铁路建设前期工作中，扎实开展高速技术研究，基础设施和移动装备都取得了一定成果。适逢铁道部下放更新改造投资决策权，铁路局的活力被激发出来，纷纷同有关机车车辆工厂联合研制了一批新产品。如南昌局的“庐山号”（1998 年唐山客车厂制造，双层动力分散型内燃动车组，设计时速 160 公里，实用 120 公里）、郑州局的“中原之星”（2001 年由株洲电力机车厂、四方机车车辆厂和株洲电力机车研究所联合研制，动力分散型电动车组，设计时速 200 公里，运营时速 160 公里）等。

列入国家高新技术产业化发展计划项目的“中华之星”，是设计时速 270 公里的动力集中型电动车组，由株洲、大同等 4 个机车车辆厂、4 个研究所及 2 所高校参加研制，俗称“442 工程”。2002 年 11 月 27 日“中华之星”在秦沈客运专线试验中，创造了时速 321.5 公里的新纪录（设计为 2 动 9 拖 11 节编组，本次试验为 2 动 3 拖 5 节编组）。当天下午，傅志寰部长和我以及其他两位部领导从北京赶到山

“中华之星”动车组

海关，晚上听取了秦沈客运专线综合试验情况。第二天（28 日）早晨 8 时许，我们登上“中华之星”头部动力车准备出发。后来得到报告说轴温报警，发现一节动力车上有一根轴的托架轴承座冒烟，温度高达 109℃。我们只好下车，换乘“先锋号”动力分散型电动车组（时速 200 公里）在山海关至绥中北试验段（66.8 公里）进行试验。这可能对“中华之星”带来一定影响。

2002 年底，铁道部领导提出了“跨越式发展”的新要求，运输能力要快速扩充，技术装备水平要快速提高。要按照“先进、成熟、经济、适用、可靠”的要求，实现铁路装备现代化。根据我国铁路动车组运行出现的故障，看到我们同国际先进水平尚有一定差距，某些关键技术还不够成熟，材料和工艺水平也有待提高。因此，拟通过技贸结合方式整体引进高速动车组技术，经过消化吸收实现国产化，进而创新赶超国际先进水平。2003 年 11 月 29 日，铁道部部长办公会议审议通过了《加快机车车辆装备现代化实施纲要》，确定了高速动车组技术引进路径。对此，有些同志并不赞同，认为引进外国技术就是不支持发展民族工业。2004 年 4 月 1 日，国务院召开专题会议，形成了《研究铁路机车车辆装备有关问题的会议纪要》。《纪要》确定了“引进先进技术、联合设计生产、打造中国品牌”的基本原则，确定了引进少量原装、散件国内组装和国内整列生产的项目运作模式。这对统一思想、高效行动发挥了重要作用。

铁道部同中国南车、北车协商，整合国内市场和资源一致对外。2004 年 6 月 17 日，铁道部委托中投国际招标公司为第 6 次大面积提速引进时速 200 公里动车组招标，在报刊和网上发布“招标邀请书”公告：强调铁道部统一招标，一个口子对外；铁道部指定两家企业实施技术引进（青岛四方股份和长春客车股份），是“战略买家”。强调“约法三章”，国外企业必须同中国指定企业联合设计生产，必须转让动车组关键技术，必须使用中国品牌。在此基础上，综合评价，竞争择优。多年来跟踪中国铁路市场的德国西门子、法国阿尔斯通、加拿大庞巴迪及日本高铁制造企业联合体（由川崎重工牵头）4 家公司对中国的两家公司开展了“围猎”。西门子公司上层决策者误判形势，他们认为德国 ICE 3 技术先进，中国迫切需要它，所以在原型车价格及技术转让费方面漫天要价（开价是一列原型车 3.5 亿元人民币，技术转让费共计 3.9 亿欧元）。中方明确表示，不符合招标要求，必须降低列车价格和技术转让费。德方未予响应，结果失去投标机会。8 月 27 日正式开标，南车四方股份与日本川崎重工联合体中标 3 包 60 列，参照日本东北新干线“疾风号”E2-1000 系，最高运营时速 275 公里，在中国联合设计生产 CRH2 型动车组（4 动 4 拖）；北车长客与法国阿尔斯通联合体中标 3 包 60 列，以法国阿尔斯通为芬兰提供的 SM3 型动车组等为原型研制一款动车组，在中国联合设计生产 CRH5 型动车组（5 动 3 拖）。在采购和引进合同中，每包 20 列除整列进口 1 列、散件进口中国组装 2 列外，其余全部在中国生产，国产化率逐步提高到 70% 以上。

2005 年 6 月，铁道部启动了时速 300 公里动车组采购项目。这次没有采取公开招标方式，而是采取竞争性谈判方式。此时西门子公司已经“学乖”了，把每列 ICE 3 原型车降价为 2.5 亿元人民币，技术转让费降为 8000 万欧元。最后，北车唐山工厂与西门子联合体拿下 60 列订单，在中国联合设计生产 CRH3 型动车组（4 动 4 拖），除 3 列整车进口外，其余 57 列全部在国内生产；南车四方在 CRH2A 基础上自主研发 CRH2C 型动车组（时速 300—350 公里），拿下了 60 列动车组订单。

2005 年 6 月 26 日，中国工程院召开了“提高装备制造业自主创新问题”的座谈会，会上谈到了“中华之星”面临的困难处境。会后有 52 位院士签名，由中国工程院向国务院呈送了《关于报送院士反映的“中华之星”高速列车有关情况的签名信》。建议有关部门尽快对“中华之星”组织鉴定，并实现产业化。7 月中旬，铁道部召开“中华之星”阶段验收总

“和谐号”动车组

结会，专家组意见是降速运行继续考核。

实践表明，在我国自主探索研究基础上，以低价引进时速 200 公里动车组技术是成功的。2008 年，我国研制出具有自主知识产权的“和谐号”CRH2C，时速达 300—350 公里。2012 年自主研发“和谐号”CRH380A、CRH380B，时速 350 公里。这就从整体上快速提升了我国高速动车组制造能力和水平，对中国高速铁路发展具有重要意义。

三大工程实践

在积极推进京沪高速铁路前期工作的同时，铁道部主动开展提速工程实践探索。最具代表性的三大工程实践是：广深准高速铁路、铁路大面积提速及秦沈客运专线。

广深准高速铁路

广（州）深（圳）铁路全长 147 公里，位于我国改革开放先行地区。1984 年 1 月，经国务院批准成立了广深铁路总公司，先行试验、自主经营、自负盈亏。他们自筹资金扩能改造，1987 年 1 月建成复线，时速 100 公里。那时，我正在指挥修建衡（阳）广（州）复线，曾多次到广深铁路检查工程进展情况。

铁道部在研究“八五”计划时，有意安排既有线提速试点。1990 年 9 月，铁道部决定广深铁路按照准高速标准升级改造，设计时速 160 公里，其中新塘至石龙间预留时速 200 公里试验条件。首选广深铁路提速主要考虑是：广深铁路运量急剧增长，从 1983 年至 1988 年 5 年旅客发送量增加了 86%，货运量增加了 65%，“有需求”；广深铁路技术改造相对简易，“有把握”；广深铁路享有特殊政策，“有资金”。这“三有”确保了广深准高速铁路建设于 1991 年 12 月 28 日正式开工，1994 年 12 月 22 日全线建成，开启了我国准高速铁路的先河。东风Ⅱ型内燃机车牵引的“春光号”特快列车（时速 160 公里）全线运行时间，从原先的 2 小时 48 分缩短到 1 小时 12 分。国务院副总理邹家华在通车仪式上指出，广深准高速铁路是我国发展高速铁路的“试验田”，为我国高速铁路发展积累了经验。

经过股份制改造，1996 年广深铁路股份有限公司在香港、纽约上市。融得资金首先用于全线电气化改造，同时租用一列瑞典 AD tranz 公司 X2000 型摆式列车（后改为购买）。1998 年 8 月 28 日，广深准高速铁路电气化开通，X2000 型摆式列车运行时速达 200 公里，被命名为“新时速”高速列车。我国还自主研发了动力集中型动车组“蓝箭”上线运行。广深铁路成了中国发展高速铁路的实验基础。（2007 年 4 月 18 日国产“和谐号”CRH 高速动车组投入使用，X2000 型摆式列车正式停运）。

铁路大面积提速

广深准高速铁路开通运营，使全路上下受到极大鼓舞。1995 年 5 月 28 日，韩杼滨部长主持部长办公会议研究，为提高铁路在运输市场的竞争力，决定开展繁忙干线（部分区段）提速试验。1996 年先后在沪宁线、京秦线、沈山线进行提速试验，对主要设施进行适当技术改造，把旅客列车时速从 120 公里提高到 140 公里至 160 公里。

在既有干线提速试验取得成功的基础上，铁道部作出了干线铁路大面积提速的战略部署。从 1997 年到 2007 年由部长直接指挥，先后组织 6 次大面积提速，取得了一系列成就。根据检测结果，对部分路基、桥梁等建筑进行加固，以提高结构强度和刚度；铺设跨区间无缝线路，采用可动心轨辙叉无缝道岔，以提高轨道平顺度；改善电气化、通信信号设备，以提高行车控制可靠度；更新机车车辆（含动车组），以提高列车运行舒适度；优化运输组织，以提高运输市场占有度。

经过实施干线铁路大面积提速工程，2.2 万公里铁路运行时速达到 120 公里。其中时速 160 公里铁路里程达 1.4 万公里，时速 200 公里铁路里程达 6000 公里，有部分区段时速可达 250 公里。开发了“夕发朝至”旅客列车，利用夜间行车实现城市互通，被誉为“流动旅馆”。增加了跨局旅客列车比例，调整了旅客列车结构。多种型号的国产动车组上线运行，在一定程度上提高了旅客运输质量。同时，推出“五定”班列货物列车，组织行包、行邮快运专列，提高了货物运输效率。

2007 年 12 月，我组织专家编写了《中国铁路大提速》一书，作为科普读物，阐述了我国铁路大提速历程和主要创新成果。为修建京沪高速铁路所研发的一些技术和装备在大提速中得到应用，为中国高速铁路技术不断提升积累了实践经验。可以说，持续实施的 6 次大面积提速，有力地促进了我国高速铁路发展。

秦沈客运专线

连接我国东北与华北的进出关大通道，运能与运量矛盾十分突出。构成进出关通道的既有线共 4 条：京承线和京通线标准低、运能小，集通线主要运煤，沈山线承担着主要运输任务。沈山线几经改造已成双线自动闭塞电气化铁路，年输送能力为客车 41 对，货运 6000 万吨。1997 年沈山线实际开行客车 41 对，完成货运 6036 万吨，运能已经饱和，成为“卡脖子”路段。预测到 2010 年，沈山线运能缺口为客车 30 对，货运 1854 万吨。因此，新建秦（皇岛）沈（阳）铁路十分必要。

从 20 世纪 80 年代后期，铁道部就开展了新建秦沈铁路方案研究。20 世纪 90 年代研究秦沈铁路方案过程中，根据新线与既有线不同行车组织分工，提出了诸多方案，主要有3个：新建货运专线，新建客货混运线，新建客运专线。经过论证，进行方案技术经济综合比较，认为修建客运专线方案为好，不仅运输能力大、工程投资省，而且有利于提高运输管理水平。铁道部从长远发展战略考虑，在繁忙干线上实行客货分线，这是实现客运快速化的必由之路。因此，推荐秦沈客运专线方案。

秦沈客运专线的速度目标值如何确定？铁道部采取了十分慎重的态度。1995年4月27日，在部长办公会议讨论秦沈客运专线项目时，计划司汇报建议设计时速为160—200公里。韩杼滨部长表示担心，他说京沪高速铁路项目尚未获批，如果再报一个高速铁路项目恐难批准。因此决定设计时速为160公里客运专线，从而避开了“高速铁路”这个敏感问题。铁道部在报送《新建秦沈铁路（客运专线）项目建议书》中，明确客运专线方案“近期按时速160公里双线电气化设计”，“在增加投资不多的情况下尽量采用较大的曲线半径，为今后进一步提速创造条件”（铁计函〔1995〕339号文）。随后，经过中国国际工程咨询公司评审、论证，继续深化研究。1998年10月7日铁道部部长傅志寰主持办公会议，研究次年新开工项目计划，审查《新建秦沈铁路（客运专线）可行性研究报告》，并以铁计函〔1998〕296号文报送国家计委，明确“最高行车时速160公里以上”。1999年2月12日，国家计委转发国务院批准新建秦沈客运专线项目建议书（计基础〔1999〕156号文），明确“近期设计时速160公里以上（基础部分预留高速铁路条件）”。从前瞻性出发，我们设计了山海关站至绥中北站66.8公里高速动车组试验线，为今后自主研发的高速动车组提供实验线路。

秦沈客运专线从秦皇岛至沈阳全长410公里，于1999年8月16日正式开工，2003年10月开通运营。铁道部制定了设计施工新标准，关键技术取得了新突破，工程质量达到了新水平，探索了客货分线运输组织新模式。秦沈客运专线为我国发展高速铁路提供了技术支撑和人才保障。

中国高铁成功之路

在党中央、国务院正确领导下，高速铁路建设顺利推进。编制高速铁路发展规划，做好顶层设计；攻克关键技术，形成自主创新能力；建立完善的技术体系，实施规范化管理。中国高速铁路走向世界前列。

制定高铁发展宏图

1999 年我主持《铁路“十五”发展战略研究》时，首次提出了系统建设铁路网“八纵八横”主通道，建设铁路快速客运网，以及实行分类建设、加快西部铁路建设等重要观点。同时，提出了一个想法：作为发展战略研究，不能只搞“五年规划”，应该把眼光放长远些，对未来 10 年、20 年铁路发展有个总体考虑。因此，铁道部组织了未来 20 年铁路规划专题研究，编制了“2020 年铁路网发展规划”，成为中国第一个中长期铁路网规划。2002 年 10 月 23 日，在西班牙马德里举行的第四届世界高速铁路大会上，我作了题为《中国高速铁路展望》的报告，介绍了中国高速铁路发展规划及京沪高速铁路建设前期工作情况。

2004 年 7 月 1 日，温家宝总理主持国务院常务会议，讨论并原则通过了《中长期铁路网规划》，描绘了新世纪头 20 年铁路发展的宏伟蓝图。《规划》明确中国铁路发展的主要目标是：扩大路网规模，完善路网结构，提高路网质量。同时，确立了“客运高速化，货运重载化，管理信息化”这一战略方向。在研究高速铁路规划时特别强调，根据国家经济社会发展需要，在运能紧张的繁忙干线实现客货分线，在经济发达、人口稠密的地区修建城际铁路，加强区域之间便捷客运通道建设，使高速铁路网与其他运输方式协调、衔接，在综合客运网中发挥骨干作用。研究了快速铁路网总规模，确定以北京、上海、广州、武汉、成都、西安这 6 个城市作为路网性客运中心，以 100 万人口以上的城市和省会城市为路网区域性客运中心，城市群内城际铁路可以连接人口超过 50 万的大城市。

《中长期铁路网规划》公布后，引起了强烈反响。各地修建铁路的积极性特别高，很多省都要求修建高速铁路。有的省委书记、省长看到别的地方有高速铁路规划就急了，纷纷找铁道部要求增加新线，并表示省里可以出钱，在征地、拆迁等方面全力支持。于是，2007 年对这个《规划》进行了修改。2008 年经国务院批准颁布了调整规划，全国铁路运营里程规划目标由 10 万公里调整为 12 万公里以上，其中客运专线从 1.2 万公里增加到 1.6 万公里。我国高铁建设规模大、标准高，规划新建长大干线高速铁路时速按 350 公里建设，部分以客为主兼顾货运的铁路干线时速按 200—250 公里建设。这样宏伟的发展规划在世界上是绝无仅有的。

高速铁路规划突出“四纵四横”大通道建设。“四纵”就是北京—哈尔滨（时速 350 公里）、北京—上海（时速 350 公里）、上海—深圳（时速 250—350 公里）、北京—广州（时速 350 公里）。“四横”是指青岛—太原（时速 250 公里）、徐州—兰州（时速 350 公里）、上海—成都（时速 250—350 公里）、上海—昆明（时速 350 公里）。这“四纵四横”构成了高速铁路网主骨架。在这个基础上，进一步扩大高速铁路覆盖范围，新建有效缩短大城市间距离的高速铁路，如兰州—乌鲁木齐、大同—西安、西安—成都、成都—贵阳、重庆—贵阳、昆明—南宁、北京—沈阳、合肥—贵阳、贵阳—广州、南宁—广州等，以促进区域协调发展。

在经济发达和人口稠密地区的城市之间建设城际铁路，这也是规划的一个特点。如环渤海城市群、长三角城市群、珠三角城市群、海峡西岸城市群、武汉城市群、成渝城市群、长株潭城市群、关中城市群、郑州城市群、北部湾城市群、海南环线等。此外，新建和改造省会等大城市铁路客运站，与地铁、公共汽车、民航等交通实现无缝衔接，构建现代化综合交通枢纽。

在中长期铁路网规划引领下，一批高速铁路陆续开工。2005 年 6 月

11 日，石（家庄）太（原）高速铁路开工，设计时速 250 公里；6 月 23 日，武（汉）广（州）高速铁路开工，设计时速 350 公里。京津城际铁路全长 120 公里，设计时速 350 公里，2005 年 7 月 4 日开工，2008 年 8 月 1 日开通运营，喜迎北京奥运会辉煌开幕。京津城际是世界上第一条按时速 350 公里运营的高速铁路，把北京和天津两个直辖市连接起来，彰显了“同城效应”，社会各界反映良好。这也成为中国高速铁路的一张亮丽名片，吸引国内外政要纷纷乘车体验。

京沪高速铁路一直是铁道部关注的重点项目。在项目准备阶段，我们扎实推进全线勘测设计，不断优化重点工程设计。2006 年 4 月铁道部报送了《关于新建京沪高速铁路可行性研究报告》。2007 年 8 月 29 日国务院常务会议审查原则同意，成立京沪高速铁路领导小组，由国务院分管领导担任组长。经党中央、国务院研究批准，2008 年 1 月，京沪高速铁路全面开工（控制工期的南京大胜关长江大桥工程单独立项于 2006 年 7 月开工）。经过 3 年多艰苦奋战，全长 1318 公里的京沪高速铁路于 2011 年

2008 年 3 月，作者（中）在京沪高铁南京大胜关长江大桥建设工地考察

6 月建成投产，按设计时速 350 公里运行。2010 年 12 月 3 日，在京沪高铁枣庄至蚌埠南间“先导段”试验时，CRH380AL 型动车组最高时速达 486.1 公里，创造了世界高速铁路运营试验最高速度新纪录。

在国家重视、地方支持下，中国高铁投资持续高位，发展速度不断加快，建设质量不断提高。原先规划的“四纵四横”高速铁路主通道已经提前建成，新制定的规模更大的“八纵八横”高速铁路主通道也在不断加密。

建立高铁技术体系

在中国高速铁路技术研发中，核心技术装备是高速动车组。这是一个复杂的大型机电一体化系统，需要多学科交叉技术和大规模技术集成。高速动车组研发大致可分为 3 个阶段：第一阶段（1990—2003 年）主要是自主探索研究，在多方面取得了重要成果，仅 1999—2003 年就完成科研项目 353 项，夯实了高速铁路技术基础，不仅在广深准高速铁路、干线全面提速工程和秦沈客运专线得到广泛应用，而且成为我国同外商谈判的重要砝码；第二阶段（2004—2012 年）主要是引进消化吸收再创新，从引进的时速 200—250 公里动车组实现国产化，跃升为时速 300—350 公里动车组新车型，建立了中国“和谐号”高速动车组研发平台；第三阶段（2013 年后）主要是全面自主创新，实现简统化及互联互通，建立了“复兴号”高速动车组研发平台，完善了中国高速动车组标准体系。在气动外形设计、车辆轻量化、高速转向架、牵引制动、噪声控制、安全防护等技术方面，取得了新进展。

经过持续科研、不断实践，总结形成了完整的中国高速铁路技术体系。除高速动车组外，还有工务工程、通信工程、牵引供电、信息管理、运营维护、安全监控、系统集成等子系统。严格控制路基和桥隧结构变形，大规模使用板式无砟轨道，铺设无缝线路，有效提高了轨道稳定性、平顺度和舒适性。接触网采用简单链型悬挂，提高可靠性。采用综合移动通信 GSM-R、列控系统 CTCS3 以及信息管理系统，实现了高效性。

2013 年 3 月初，作者在铁道部门前留影

我国高速铁路规模大，总里程占世界高铁总里程 2/3。高速铁路遍及大江南北，适用于不同气候、不同地质，积累了丰富经验。在此基础上，形成了中国高速铁路产品、设计、施工、运营的标准规范。使中国高速铁路技术从“跟跑”到“并跑”再到“领跑”，进入世界先进行列。这不仅有利于中国高速铁路高质量发展，而且为中国铁路“走出去”创造了条件。印度尼西亚雅加达至万隆高速铁路全长 142 公里，最高设计时速 350 公里，即将建成开通运营。中老铁路老挝磨丁至万象铁路全长 418 公里，设计时速 160 公里，已建成通车。中泰铁路合作项目一期工程泰国曼谷至呵叻段全长 252.3 公里，设计时速 250 公里，正在建设中。匈塞铁路连接匈牙利布达佩斯和塞尔维亚贝尔格莱德，全长 341.7 公里，设计时速 200 公里，正在分段建设。中国制造的新型机车、车辆、动车组等产品，在许多国家铁路得到应用并深受好评。

中国高铁成功经验

中国高速铁路从无到有，为什么能成功实现技术超越，成为“国家名片”？主要是由于统筹组织得力，运输需求旺盛，自主创新支撑，再加上京沪高速铁路示范引领。

（1）统筹组织得力

在中国高速铁路发展中，统筹部署、科学组织、有序推进，发挥社会主义制度优越性，“集中力量办大事”取得了卓越成效，成为我国高速铁路成功发展的重要法宝。当时，铁道部是政企合一的体制，虽然主要领导几经变更，但一致认为中国必须发展高速铁路。铁道部始终坚持主动开拓，把“客运快速化”作为铁路发展战略，实施积极有为的产业政策，千方百计持续推进高速铁路发展。

在制定路网规划时，突出了快速（高速）铁路网建设，指明了高速铁路发展路径，确定采用轮轨技术。按照系统工程要求，抓好高速铁路科学研究、工程建设、装备制造、运营管理等各项准备工作。在申报京沪高速铁路项目的同时，积极开展既有铁路大面积提速；在京沪高速铁路项目未获批准时，组织实施秦沈客运专线建设。坚持以我为主，博采众长，瞄准世界一流水平，利用后发优势，实现弯道超车，走出中国高速铁路发展新路子。当时有记者追着问我，中国高速铁路究竟采用哪国技术？我明确回答他：哪一国也不是。我们要有中国的技术，要走中国的道路。中国高速铁路规模很大，不可能全买外国的产品。必须要有中国的技术标准，形成强大的自主创新能力和制造能力。

为了防止各自为政的内耗，防止高投入、低水平的重复，铁道部整合国内铁路市场（需求），整合国内铁路资源（供给），倡导企业有序竞争。在对外合作项目上，由国内领军企业参与，体现合理高效竞争。妥善处理政府、市场和企业的关系，对提高整体效能、提高企业竞争力和实施举国体制，都发挥了积极作用。尽管个别经济学家对此持有不同观点，但从业人员都不认为有政府过度干预问题。

（2）运输需求旺盛

中国经济持续快速增长，为高速铁路发展提供了广阔的市场机遇。随着产业转型升级和城镇化步伐加快，居民人均收入水平不断提高，我国逐步迈入小康社会，人们的出行消费倾向于选择更快捷、更舒适的优质方式。而高速铁路具有快捷安全、节能减排等显著优势，成为绿色交通运输的必然选择。

发达国家的经验表明，人均 GDP 达到中上等收入经济体水平前，客运需求增长速度较快。旅客来源主要在城市，随着城镇化水平提升，客运需求将会相应增长。当前我国城镇化正处于中期阶段，2000 年为 36.2%，当时预计 2020 年达到 60% 以上（实际 2020 年达到 63.89%），而中等国家平均水平仅为 61.8%，所以未来一定时期内我国城镇化加快发展，必然带来客运需求增长。

从铁路统计资料看出，进入新世纪后客运量增长较快。如 2010 年旅客发送量比上年增长 9.9%，旅客周转量比上年增长 11.2%，这两项指标 2015 年比 2010 年又分别增加了 51.3% 和 36.5%（即这 5 年的年均递增率分别是 8.6% 和 6.4%）。高速铁路完成的客运量占铁路客运总量的比重，从 2010 年的 8%，提高到 2015 年的 37.9%，今后还会进一步加大。中国铁路运营里程从 2010 年 9.11 万公里增加到 2020 年 14.63 万公里；其中高速铁路从 2010 年 1.2 万公里增加到 2020 年 3.79 万公里。

无论是运量预测还是运量统计，都反映了中国铁路客运市场高速铁路需要旺盛。这就强劲带动了全国各种不同地理和气候环境的高速铁路工程建设、运输装备和运营管理快速发展，形成覆盖范围较广的完整高速铁路技术体系。巨大的市场需求拉动了中国高速铁路发展。

（3）自主创新支撑

高速铁路是一个资本密集型、技术密集型行业。在目标导向和需求拉动下，为了解决高速铁路“技术缺口”，铁道部高度重视科研攻关，发挥了新型举国体制优势，制定了明确的技术创新战略。就是要立足自主、勇于超越，使中国高速铁路技术从最初的自主探索研究，经过引进消化吸收再创新，大力推进集成创新，迅速登上了全面自主创新台阶。我国高速铁路自主创新，充分借鉴了国内外重大科技创新工程的实践经验，发挥政府部门主导作用和市场机制引导作用，确立了企业的创新主体地位。同时，创立了以部际合作为特征的横向模式和围绕产业链整合资源的纵向模式，建立了“政产学研用”创新深度联合机制。

2008 年 2 月，科技部和铁道部共同启动《中国高速列车自主创新联合行动计划》，目标就是自主研发世界最高水平的高速铁路列车。组织主机工厂、科研院所、高等院校及铁路单位上万名科技人员参加自主研发，在整车集成、空气动力学、承载系、走行系、传动和制动系、列车控制网络、牵引供电、列车运行控制、运输组织指挥等方面协同创新。经过 3 年联合攻关，终于研发成功时速 350 公里的“和谐号”CRH380 系列高速动车组，成为中国自主创新的世界一流水平的高速动车组。接着，2012 年铁道部又开展研制以简统化、系列化为目标的中国标准动车组（CR）。2017 年 6 月，具有完全自主知识产权、达到世界先进水平的中国标准动车组 CR400，被命名为“复兴号”。（“复兴号”动车组系列包括时速 160—350 公里，正在研发时速 400 公里动车组 CR450。）

中国高速铁路弘扬企业家精神，打造了先进的研发平台、优秀的研发团队以及高效的研发机制，开创了“技术研发 + 产业发展”新模式，培育了强大的自主创新能力和生产能力。这就为中国高速铁路发展提供了技术支撑和保障。

（4）典型项目引领

京沪高速铁路全长 1318 公里，是铁道部高速铁路示范项目。经过 10 多年前期工作，各项准备均很充分。京沪高速铁路 2008 年 1 月全面开工，2011 年 6 月全线建成投产，按时速 350 公里运行，多年的夙愿终于实现。

2017 年 7 月，作者体验京沪高铁时速 350 公里复兴号动车组

有些专家认为耽误了时机，我认为要多从好的方面去想。首先，反复论证花费时间甚多，这有利于倡导科学决策、民主决策；其次，利用论证比较这段时间，加强高速铁路科学技术研究，进行较多工程实践，使我国修建高速铁路起点高，能够很快实现超越，进入世界先进行列。

京沪高速铁路创新成就卓著：推进关键技术创新，建成规模化无砟无缝轨道，确保了高平顺和高稳定；创新软土地基等处置成套技术，有效控制了路基变形；采用“以桥代路”，常用简支梁制造、架设和变形控制达到新水平，南京大胜关长江大桥 6 线铁路最高时速 350 公里；隧道洞口首次设置微气压波缓冲措施；客站创新“站桥合一”高架结构，建成现代综合交通枢纽。高速动车组技术、列车控制技术、牵引供电技术、运营维护技术等，都取得了一系列创新成果。京沪高速铁路公司按照现代企业制度建设，在委托铁路局运输方面创造了新经验。更可喜的是，京沪高速铁路经济效益良好，开通运营 3 年后即实现了盈利，成为高速铁路的成功样板。

2018 年，我率领研究团队，到京沪高速铁路沿线地方政府、有关企业和铁路单位进行调研。结果表明，京沪高速铁路项目不仅经济效益良好，而且社会效益和环境效益特别显著，深受地方政府和各界群众赞赏。对沿线经济社会产生拉动效应、集聚效应和扩散效应，加快了工业化、城镇化、现代化步伐。改变了人们的时空观念，“同城效应”影响广泛。优化了产业空间布局，推动产业转型升级，促进城市综合开发，逐步形成京沪高铁经济带。完善城市群结构，增加就业机会，改善人民生活质量，有力地推动社会进步。京沪高速铁路大运量、高速度、低成本、节约土地、节约能源、减少排放，对生态文明建设发挥了重要作用。京沪高速铁路创新成果丰硕，充分展示了高速铁路的优势，激发了各地修建高速铁路的热情，对我国大规模、高质量发展高速铁路，发挥了巨大的示范引领作用。

交通强国，铁路先行。我国高速铁路持续创新，正在攀登新的高峰：大力发展绿色智能高铁技术，研发时速 400 公里高速铁路技术，以及低真空管道超高速磁浮铁路技术（时速 600—1000 公里及以上），引领世界高速铁路发展。

2023 年 6 月重新整理

［**注：**我国铁路网发展规模经历过多次调整。最新公布的我国铁路网总规模 20 万公里，其中高铁 7 万公里（包括部分城际铁路）。截至 2023 年底，全国铁路营业里程达 15.9 万公里，其中高铁里程 4.5 万公里。］

南水北调：造福人民的历史壮举

张基尧*

南水北调工程是迄今为止世界上最大的调水工程，是跨世纪的伟大水利工程、生态工程、民生工程，还是一项涉及工程建设、污染治理、移民征迁、水环境保护的系统工程。南水北调不只是中华民族水利史上的一部壮丽史诗，也是我国社会主义现代化建设中的一座历史丰碑，其艰苦卓绝、可歌可泣的建设过程孕育出了南水北调精神。

很幸运，我这一生与水结缘，始终奋斗在水利建设的第一线。1967年从河海大学（原华东水利学院）毕业后，在几十年的工作生涯中，始终没有脱离水利、水电建设领域。回顾我从事水利、水电建设的历程，有很多人和事难以忘怀，其中最难忘的则是2003年至2010年主持南水北调工程建设的经历。在这一过程中，我和许多同志并肩战斗，度过了一段激情燃烧的岁月。

南水北调工程开工前的紧锣密鼓

20世纪80年代以来，北方地区水资源供需矛盾日益尖锐，不仅制约

---

* 张基尧，第十一届全国政协委员、人口资源环境委员会副主任，第十二届全国政协常委、人口资源环境委员会副主任；曾任水利部副部长、国务院南水北调工程建设委员会办公室主任。

了北方地区经济社会发展和人民生活质量的提高，同时因水资源的过度开发引发了河湖干枯、地面沉降等较多的生态问题。

南水北调工程从毛泽东主席提出这一伟大设想开始，经历了半个多世纪的前期工作。这是由于工程涉及的水资源问题太重要太复杂；由于调水涉及的经济、社会、生产、生活、生态等方面的问题太多、太难；由于工程涉及地面、地下，跨越河流、铁路，技术问题极具挑战性，科研攻关需要时间；也由于国家的技术能力、经济实力限制，以及“文化大革命”的影响，以致有些大学毕业就投入此项工作的青年，及至退休也未看到南水北调工程的开工。

即使如此艰难曲折，我们党的历届领导人始终关心支持着南水北调这一优化水资源配置、解北方地区缺水之急、改善京津冀地区生态环境的工程。回顾工程漫长前期工作的历程，可以体会到党和政府为民谋利、为国谋强的一个侧面。

漫长岁月与提速冲刺

新中国成立之初，百废待兴。1952 年秋，毛泽东主席第一次外出视察来到河南开封的黄河岸边，向时任黄河水利委员会主任的王化云提出南水北调的战略构想。

1958 年 8 月，中共中央在北戴河召开政治局扩大会议，通过了《中共中央关于水利工作的指示》，第一次提出全国范围的较长远的水利规划首先是以南水（主要指长江水系）北调为主要目的，即将江淮河汉海各流域联为统一的水利系统。

1958 年 9 月 1 日，拟作为南水北调水源地的汉江丹江口水利枢纽工程开工。工程分期建设，一期工程为今后加高大坝、增加库容并调水北上一次性建好大坝基础。

1978 年，在五届全国人大一次会议通过的政府工作报告中，正式提出“兴建把长江水引到黄河以北的南水北调工程”。同年 10 月，水电部发出了《关于加强南水北调规划工作的通知》。

1980 年 7 月 22 日，邓小平同志视察丹江口水利枢纽，详细询问了丹江口水利枢纽初期工程建成后防洪发电、灌溉效益与大坝二期工程加高的情况。

1992 年 10 月 12 日，时任中共中央总书记江泽民在党的第十四次全国代表大会的报告中指出："集中必要的力量，高质量、高效率地建设一批重点骨干工程，抓紧长江三峡水利枢纽、南水北调、西煤东运新铁路通道、千万吨级钢铁基地等跨世纪特大型工程的兴建。"

2000 年 9 月 27 日，时任国务院总理朱镕基在国务院召开的南水北调工程座谈会上提出先节水后调水、先治污后通水、先环保后用水的"三先三后"原则，为南水北调工程总体规划编制和实施明确了方向。南水北调的各项前期工作再次提速。

2002 年 12 月 23 日，国务院以国函〔2002〕117 号文件下发《关于南水北调工程总体规划的批复》。

南水北调工程的前期工作艰难而漫长。近 50 年来，党中央、国务院领导同志的批示、指示，下发的文件，召开的会议，多达百余件次。它凝聚着一代一代党和国家领导人的责任担当、爱民情怀，寄托着北方人民的久久期盼和南水北调规划设计人员的不懈追求。

深化完善总体规划

根据"三先三后"原则，水利部与国家计委组织有关省（市）、水利部有关单位对南水北调工程总体规划进行深化与完善。《南水北调工程总体规划》的调整修改过程很大程度上就是对调水区和受水区由于调水带来的生态环境影响分析论证的过程，也是采取多种措施把影响减到最小、使生态效益发挥到最大的过程。

南水北调工程总体规划调水线路分东、中、西三条，根据调水对调水区生态环境的影响，受水区经济社会发展的需求，国家投资能力和前期工作的深度，本着先急后缓、先易后难、先少（投资）后多的原则统筹安排，综合考虑提出先行建设东线一期工程及中线一期工程。这一安排缓解了东中部地区受水区江苏、山东、河南、河北、北京、天津6省市水资源严重短缺的局面，同时也解决了久拖不决的东线与中线工程建设谁先谁后的争论。

追溯南水北调规划的研究论证历程，大致可分为五个阶段，即1952—1959年的探索阶段，1972—1979年的以东线工程为重点的规划阶段，1980—1994年的东、中、西线规划研究阶段，1985—1998年的工程论证阶段，1999—2001年的总体规划调整完善阶段。

南水北调总体规划是建立在几十年勘测、规划、论证、设计基础上的一个宏大而深厚的规划体系。其规划的调整修改是在原规划的基础上根据当时北方地区经济、社会发展需求，重点强调节水治污和水资源保护，遵循自然规律、社会发展规律和社会主义市场经济原则及受水区与调水区的客观实际，按照“节水治污”“资源配置”“总体布局”和“体制机制”四个部分展开的，每一部分由若干附件和专题研究所支撑。

“节水治污”的工作重点是分析研究受水区和调水区的节水、治污及生态环境保护三大问题，编制了《南水北调节水规划要点》《南水北调东线工程治污规划》《南水北调工程生态环境保护规划》3个附件。

“资源配置”部分的工作重点是论证水资源的科学配置方案，在充分分析北方地区水资源缺水现状、研究规划水平年的需水要求、充分考虑节水治污挖潜后的需调水量的基础上，合理确定工程规模，编制了《南水北调城市水资源规划》《海河流域水资源规划》和《黄淮海流域水资源合理配置研究》3个附件。

“总体布局”部分的工作重点是通过多种方案的比选、论证，明确规划出工程的总体布局和实施方案，编制了《南水北调东线工程规划》《南水北调中线工程规划》《南水北调西线工程规划纲要及第一期工程规划》

和《南水北调工程方案综述》4 个附件。

“机制体制”部分工作重点是侧重研究南水北调工程的筹资方案、水价形成机制以及建设管理体制，编制了《南水北调工程水价分析研究》和《南水北调工程建设与管理体制研究》2 个附件。

在四个部分工作成果所形成的 12 个附件和 45 项专题研究的基础上，经综合分析研究，凝练成《南水北调工程总体规划》。

民主论证与科学决策

南水北调的规划设计人员对社会各界专家学者提出的意见建议均进行了认真研究、细致分析，对备选的重要线路都进行了现场复勘或实地考察，对可供备选的项目和路线补充或更新了大量的资料，对 12 个附件开展了跨学科、跨部门、跨地区的技术协作。参与规划工作的单位除水利系统的长江委、黄委、淮委、海委等 10 个规划设计研究单位外，还有国务院有关部委、局、办、中心的 14 个科研设计单位及南水北调沿线 7 省（直辖市）及 44 个地级市政府的计划、水利、建设、环保、国土、农业等众多部门的科技人员超过 2000 人。水利部先后召开近百次专家咨询会、座谈会和审查会，与会专家近 6000 人次，其中中国科学院、中国工程院院士 30 人 110 多人次。在 2000 年以后的几年间就我本人参加的各种座谈、咨询会就达数十次之多。

在水利部组织对南水北调总体规划进行分专项专题论证的同时，以全国政协原副主席、中国工程院院士钱正英为组长，两院资深院士、清华大学教授张光斗先生为副组长，40 多位院士和上百名专家参加的《中国可持续发展战略研究》以及钱正英院士为主编，两院院士沈国舫、潘家铮为副主编，35 位院士及 300 多位专家研究编辑的《西北地区水资源配置及生态环境建设和可持续发展战略研究》对南水北调工程总体规划的编制和形成提供了大量宝贵意见。

2002 年 8 月，《南水北调工程总体规划》以全面、深入、科学、合理的面貌进入科学决策程序。

10月10日，江泽民同志主持召开中共中央政治局常委会会议。会议听取了时任国家计委主任曾培炎和水利部部长汪恕诚受国务院委托作的《南水北调工程总体规划》汇报，会议审议并原则同意《南水北调工程总体规划》。

同月，我代表水利部、国家计委向全国人大财政经济委员会、全国人大环境资源委员会以及全国人大农业与农村委员会汇报了《南水北调工程总体规划》，接受与会人大代表、常委的询问，听取他们的意见。10月25日，我代表水利部、国家计委向全国政协汇报《南水北调工程总体规划》，钱正英副主席主持汇报会，钱学森等40多位政协委员听取了汇报。《南水北调工程总体规划》得到了全国人大、全国政协的赞成。根据全国人大和全国政协汇报会提出的意见，我们对《南水北调工程总体规划》又作了进一步的修改。

2002年12月23日，国务院正式批复了《南水北调工程总体规划》。

2002年12月27日，南水北调工程开工典礼在北京人民大会堂与山东济平干渠和江苏三阳河、潼河、宝应站施工现场三地同时举行。江泽民同志发来贺信，时任国务院总理朱镕基宣布南水北调工程正式开工。这一天是个令人难忘的日子。我和汪恕诚部长坐在北京人民大会堂主会场的前排，心潮汹涌。

大工程要有大担当

南水北调工程建设除单纯的工程建设外，还包括征地移民、水污染治理、水土保持、文物保护、舆论宣传等社会管理方面的内容。

南水北调工程管理需要以国务院南水北调工程建设委员会为主的决策层面，以项目法人为责任方的工程建设层面以及以沿线地方政府为主的社会管理层面的密切联系、有力协调。国务院南水北调工程建设委员会办公室的主要作用就是贯彻建委会的决策部署，协调国务院有关部门、沿线省（市）地方政府以及项目法人，解决执行中的困难和问题，保证南水北调工程建设规划目标的顺利实现。

小机构与大工程

2003 年 7 月 31 日，国务院下发通知成立国务院南水北调工程建设委员会，时任国务院总理温家宝任主任，时任国务院副总理曾培炎、回良玉任副主任，委员由国家有关部委及南水北调东、中线沿线 7 省市主要负责同志组成。

2003 年 8 月 4 日，国务院办公厅以国办发〔2003〕71 号文件印发了国务院南水北调工程建设委员会办公室（简称国调办）“三定”规定，明确了办公室九大重要职责、机构设置和人员编制，南水北调工程管理机构正式纳入国务院机构编制序列。

2003 年 8 月 13 日，时任中共中央组织部副部长沈跃跃宣布党中央、国务院决定：成立国务院南水北调工程建设委员会办公室党组，张基尧同志任党组书记、办公室主任，李铁军、宁远同志任党组成员、办公室副主任。

根据“三定”规定，南水北调办机关行政编制 70 人，内设 6 个司。以 70 人编制的精简机构去管理投资数千亿元、历时 10 多年的南水北调工程，真可谓小机构管理大工程。

小机构管理大工程必须建立多层次职责明确、联系紧密的管理主体。2003 年 9 月，经南水北调建委会同意，南水北调办向有关省市人民政府印发了《关于有关省市人民政府组建南水北调办事机构的函》，要求有关省市政府在组建南水北调办事机构时，坚持政企分开、政事分开原则，明确责任主体，理顺管理体制。至 2003 年底，南水北调沿线 7 省市均已成立南水北调工程建设领导机构及办事机构，承担本省市辖区内南水北调工程相关政府职能。

作者（右）在南水北调东线淮安四站工程开工仪式上

小机构管理大工程必须建立全面实用并不断完善的工程管理制度。2004年9月30日，经国务院领导同意，国务院南水北调工程建委会印发了多部门反复协调形成的《南水北调工程建设管理的若干意见》。据此，南水北调办分门别类制定了各类各项规章制度。

小机构管理大工程必须充分利用社会资源。2004年4月21日，南水北调工程专家委员会成立。两院资深院士潘家铮、张光斗分别出任专家委员会主任及顾问，孙鸿烈、郑守仁等院士、专家共67人被南水北调建委会聘请为专家委员会专家。此外，多方吸纳地方、企业、社会团体及各专业人士参与南水北调工程建设。

小机构管理大工程必须做好多方面的协调工作。中央政府与地方的协调大多体现在征地移民政策、水污染治理以及工程建设管理体制机制上。中央有关部门的协调体现在跨渠桥梁、公路、铁路的交叉干扰与工程建设资金筹措、工程管理权限划分及移民、治污等相关工作授权上；省与省之间的协调多体现在涉水纠纷和水资源利用上。在南水北调工程建设初期，围绕政策、制度、方案、征地等方面的协调是我们工作的重中之重。

小机构管理大工程必须发挥好监督的职能。南水北调办的职责明确督促落实南水北调工程建委会的各项决议和工作部署，执行南水北调工程有关的政策制度，监督工程建设进度、质量、资金流动、征地移民计划以及水污染治理等情况。

面对技术挑战

世界上调水工程并不罕见，但国外的调水工程与中国的南水北调工程相比，真是“小巫见大巫”。南水北调东中线一期工程不仅涉及工程建设、水污染治理、征地移民、水资源保护等多个领域，还处于中国经济相对较发达、基础设施相对较完善的地区，交通、能源、通信网络密布，长江、淮河、黄河、海河四大水系连通，河川纵横。在工程建设中，一方面要对原有设施进行保护并使之正常使用，另一方面在工程建成后要恢复其原貌。南水北调就像一个开膛破肚的手术，每根血管的缝合、每根神经的对接、每段骨骼的恢复都要完整愈合，其工程规划、设计、建设、运行方面带来的挑战是显而易见的。

面对工程技术挑战，南水北调工程前期及工程建设中严格遵循五项原则：一是多方案比选反复论证；二是传承与创新相结合；三是技术先进性与工程安全性相统一；四是科学合理性与社会可行性相一致；五是数学模型与物理模型现场试验相结合。

应该说，南水北调工程在应对和解决技术挑战上是比较成功的，取得了大量技术成果。这些成果不仅指导了南水北调工程，同时也为其他同类工程建设提供了宝贵借鉴。

质量是工程的生命

水利工程的特点是与水相系相融、不可分离。南水北调中线工程犹如一条大渠穿越中原，每年百亿立方米的水要从干渠通过，只要有一处缺陷、漏洞，就会被无孔不入的渠水侵蚀、撕裂，看似平静的清泉立时可成为张牙舞爪的猛兽，吞噬干渠下游的农田、村庄、公路、城镇……其损失难以估量。

在南水北调工程建设委员会第二次全体会议上，时任国务院副总理回良玉强调：“确保工程质量安全和施工安全，实施有效监管，不给工程留隐患，不给后代留遗憾。”我始终把这句话作为我工作的座右铭，作为工程安全的底线，尽管这一要求实现起来并非易事。

第一，必须统一思想、落实责任。根据《南水北调工程建设管理的若干意见》，明确南水北调项目法人和工程监理单位职责。

第二，建立质量保证体系。南水北调办监督司、南水北调专家委、工程质量稽查专家组、重大项目质量检查站相互配合，形成统一权威有效的南水北调工程政府层面质量管理体系。

第三，完善质量管理制度。择优选择施工队伍；制定《南水北调工程质量管理办法》，出台《南水北调干线工程渠道混凝土衬砌施工操作指南》等规程规范；建立和完善质量奖惩和质量事故追究制度；抓重点，抓典型，分类管理。

第四，优化配置资源，做好人员、资金、技术、建设平台等后勤保障。

南水北调工程和其他水利工程一样，不仅要经过各级验收专家的验收，还要经过两位“法官”的审定。这两位“法官”一个是通水，另一个是历史。2013 年、2014 年南水北调东、中线一期工程分别通水，此后还要经历大流量的考验和历史的检验。

新时代大运河的建设者

南水北调工程孕育的不仅是一部浩瀚壮美的水利史诗，也是一种支撑中华民族生生不息的伟大精神。南水北调数万建设大军战严寒、斗酷暑、迎风沙、耐寂寞，由此形成的巨大物质成果和精神财富，为时代增彩、为祖国争光。

情系丹江口

南水北调中线丹江口大坝加高工程是中线工程的龙头，是实现一江清水永续北上的关键。丹江口大坝加高后，丹江口水库库容达到 290.5 亿立方米，为南水北调提供了拦蓄汛期汉江洪水、保证中线水源的重要作用，同时提高了汉江中下游的防洪能力，使之达到百年一遇防洪标准。

经过公开、公平、公正的投标竞争，葛洲坝集团二公司中标承建丹江口大坝主坝加高项目。首先，葛洲坝集团是我国水利水电施工企业中的特大型企业，他们承建了葛洲坝并重点参建了三峡等巨型水利水电工程，具有精湛的技术和丰富的工程建设经验。其次，对江汉地区的自然条件、气候、降雨、地质、风土人情等都熟悉。最后，也是最重要的，他们从事了丹江口大坝的建设，不少老同志当年曾为丹江口大坝做出过贡献，他们有丹江情结，更有丹江思念，不少人曾在这里度过最美好的青春年华。

杨凤梧就是其中一位。1959 年，杨凤梧从成都水利专科学校毕业，被分配到丹江口水库建设工地给总指挥当参谋，相当于施工技术员。

丹江口大坝加高工程开工之际，杨凤梧刚从中国水利水电第十六工程局（原闽江工程局）副局长的岗位上退下来。我找他谈起聘请他出任丹江口大坝工程质量监督站站长一事，我说："老杨，你是亲身参加丹江口大坝建设又担任工程局领导的为数不多的领导干部。丹江口水库曾留下你的心血和汗水，现在丹江口大坝加高工程开工在即。加高工程复杂的技术和严格的质量要求，都需要一个懂工程、会管理，既有责任又有经验的同志出任质量监督站站长，我期待你能出任此职务。"杨凤梧深知丹江口大坝加高工程的重要和复杂，他更知道质量对于加高工程的分量。他沉思片刻后说："既然组织相信我，我就试试看。"哪知这一试就是多年。

2006 年是丹江口大坝加高工程的大干之年。刚进入初夏的坝面炎热似火。杨站长刚吃过午饭，想到大坝溢流坝反弧段正在浇筑混凝土，气温这么高，对温度非常敏感的混凝土最容易出现质量事故，强烈的责任心驱使他来到大坝工地上。

杨凤梧刚到坝头就被工人看到，远远地就听到有人在传话"杨老头来啦"！随着这一声喊，正在溢流坝反弧段混凝土施工作业的班长立马下达指令："快倒两桶水下来！"

杨凤梧听到倒水声，第一反应就感觉不对劲。混凝土都是在搅拌站依照配合比拌和好的，为什么现场加水？他快步走向混凝土仓面，发现原来混凝土的颜色已经发白发干，振动机已停止振动，这时混凝土已达初凝的状态。杨凤梧毫不客气地下令："停工！"

他立即把施工方负责人和工程监理叫来，指着已开始凝固的混凝土说："这是严重的违章作业，溢流坝是大坝的要害部位，出了问题谁都担当不起。"在杨站长的监督下，施工方迅速把发白的初凝混凝土全部清除，重新开始施工作业。第二天质量监督站就发出情况通报，建议开除这名带班作业的班长，并按照合同罚款施工单位 1 万元人民币。这件事在整个大坝加高工程建设中引起了强烈反响，许多施工人员都以此为戒。

丹江口大坝加高项目经理丁新中是名副其实丹江口大坝建设的第二代。他在丹江口市出生、上学，他的童年就是在紧张热烈的水利工地度过的。当他的父亲——昔日丹江口工程的建设者，知道儿子要继续他的事业，干他没干完的工作时，心情特别激动，在电话里一再叮嘱："儿子，你可要好好干，一定把丹江口工程建设好，让丹江口水库的水送到北京，让党中央、国务院和北京人民都喝上咱们的丹江水……"

具有浓烈丹江情结的何止杨凤梧、丁新中？在丹江口大坝加高工程的建设者中，大多是水利水电建设的后代或是与水电建设有缘的人。他们会集在南水北调中线工程的龙头，以他们的聪明才智及敬业精神，续写水利水电建设的历史，书写南水北调伟大事业的辉煌，迎接大坝加高工程中的一个又一个挑战。

古老黄河下的穿越

穿黄工程是南水北调中线总干渠上规模最大、条件最复杂、单项工程工期最长的关键性交叉建筑物，几十年来对穿黄线路、方式进行过反复研究。

20 世纪 80 年代后研究的穿黄方案，考虑到三门峡水库采用蓄清排浑的运用方式、黄河汛期泥沙大量下泄，认为穿黄不宜采用平交而应采用立交型式。立交型式又可分为黄河上面的渡槽与黄河底下的隧洞两种方式。

长江委及黄委会设计院的同志带着深厚感情和强烈责任心投入了长期的研究设计工作，进行了大量的室外勘测、设计计算和模型试验。他们平行研究设计的隧洞穿黄及渡槽方案都可以达到初步设计的深度，各自都希望自己的方案被采用，这不仅是他们付出的心血和劳动，更多的是他们倾注的责任和感情。当然，现实只能采取一个方案作为最终选定。

2002 年夏天的一个晚上，我去湖北检查防汛，住在武汉东湖宾馆。长江委设计院的同志在长江委主任蔡其华带领下来到我的驻地，汇报穿黄工程研究设计成果。他们带来了大量的图纸和设计任务书，长江委设计院钮新强院长做了详细的介绍。我们大家趴在地上，我一边听介绍一边对应图纸，认真地听、仔细地记、反复地思考。三四个小时很快过去了，总结的意见是：长江委的设计人员推荐隧洞穿黄方案，希望水利部和国家计委能够采纳。

事后蔡其华同志利用到北京出差的机会，又多次到水利部反映他们的意见。

黄委会的同志知道这一情况后，立即作出反应。他们携带成捆的资料由黄委会设计院院长李文学带领到水利部进行汇报，一方面汇报所做工作的深度和广度，另一方面汇报隧洞方案和渡槽方案的优缺点对比，结论是黄委会设计院的设计人员推荐渡槽方案，希望水利部采纳。看着浸透着他们心血的一份份图纸、一沓沓设计任务书、一份份计算机三维多媒体模型，我只有反复安慰他们：我们会组织专家进行评审，不管是采用何种方案，你们所做的工作都是评审的基础，你们所付出的心血与汗水都体现在南水北调伟大工程中。

在穿黄方案的比选过程中，不仅水利系统的科研设计人员和与南水北调工作相关的同志十分关注，中央领导和社会各界也十分关注。

2002 年秋天，我和国务院相关部门的同志陪同时任国务院总理朱镕基到河南考察。在中巴车上，朱总理突然问起南水北调工程穿黄方案："老张，对南水北调穿越黄河你是什么意见?"因为当时河南省领导就在车上，这就成了个敏感的话题。我只有结合长江委及黄委会设计院的汇报，精练成我的意见说："穿黄工程的隧洞方案和渡槽方案各有优缺点。隧洞方案优点：一是对黄河河势泥沙的演变影响小；二是深埋黄河河床之下 60 多米，工程运行安全；三是施工及运行不会对黄河防汛造成影响。它的缺点是工程结构复杂、运行维修困难。对于渡槽方案，可能隧洞方案的优点正是它的缺点。其优点是地面结构简单、运行维护方便，还可以形成标志性建筑和旅游景观。但它最不利的是每 50 米一个桥墩，就像在黄河上增加了一个大的梳子，对黄河的泥沙、行洪和水势都会造成影响，渡槽施工的桥墩桩基克服黄河深厚覆盖层的困难也不容忽视。两者相比较，我个人的意见比较倾向于隧洞方案。"我没等总理讲话，又赶紧补充："最终结果还是要听专家评审的意见，两个方案都还需要进一步的完善，从多方面进行比选。"总理听完我的意见和解释，没有再继续询问。

南水北调中线穿黄工程是中线总干渠的关键，是黄河南北的咽喉，它的建设不仅对南水北调中线工程，同时对黄河的防洪、灌溉及泥沙运动都会带来一定的影响。在后来的研究中，经专家们慎重反复地论证和比选，最终确定采纳盾构隧洞穿黄方案。

"专家委"的院士专家们

2003 年 7 月 31 日，国务院南水北调工程建设委员会成立。不久，我向时任国务院副总理曾培炎汇报组建南水北调工程专家委员会的建议，得到他的支持和认可。

如此高规格的专家委必须具有很强的专业性、权威性、广泛性，必须会集各相关行业顶尖的专家及学术带头人。如此权威的学术咨询机构，其领头人的选择无疑至关重要。

中国科学院、中国工程院两院资深院士潘家铮是我国水利水电科学技术领域的首席专家，他学识渊博、经验丰富、品德高尚，是我们科技人员的楷模，是三峡、二滩、小浪底等多座大型工程的首席咨询专家。在广蓄、小浪底工程建设及南水北调工程前期论证中，我多次与潘家铮院士共事，聆听他的教诲。我暗自思量，潘总（水电界习惯的尊称）若能来担当此重任定是众望所归。

2003 年 11 月的一天，我到潘总家拜访。潘总家中一尘不染、整齐清洁，体现了潘总为人处世的风格。落座后，我询问他的身体如何。当时的潘总承担着中国工程院副院长、国家电网技术总顾问及多个项目的专家组组长的重担，虽已 75 岁高龄、身体瘦弱，但依然和年轻人一起奔走在水利水电建设工地以及技术研讨会、咨询会、审查会等会议现场，每一份咨询报告、每一次会议发言都是他亲力亲为。望着疲惫的潘总，我欲言又止，难以启齿再次给他增加工作的压力。

“你刚到南水北调办工作，万事开头难，诸事繁忙，不会只是来看看我的吧？你有什么事就说吧。”我的犹豫未能躲开潘院士的双眼，他已大致明白了我的来意。“潘总，我们反复研究，希望你能出任南水北调工程专家委员会主任，只是考虑到你的身体和工作繁忙，又不忍开口。”我实话实说。

潘总稍事沉思后说：“我现在手上的事太多，而且身体也不是很好，可是南水北调工程专家委主任这个担子我还是接下了。因为南水北调对我们国家太重要，工程也太复杂，建设期间会遇到很多意想不到的问题，我们有责任把这个工程干好，给国家和人民一个交代。”

经国务院批准，由国务院南水北调工程建设委员会聘请潘家铮院士出任南水北调工程专家委员会主任。在担任南水北调工程专家委主任的 8 年中，他主持的各类会议、技术调研、专家咨询、质量检查不胜枚举。他不顾近80岁高龄，深入穿黄工程隧洞，研究解决关键问题。可以说，南水北调工程的每一步进展都浸透着潘院士的心血。

2012年初，潘家铮院士因病住院。我多次到他的病榻前探望，小小的床头总是堆满来自全国各地请院士审阅的科技成果、咨询报告、项目审查结论。插着输液管的手还不断去翻动那些报告的扉页。

2012年4月，我再次去看望了潘院士，他比以前更显瘦弱。医生已不让他多说话，即使如此，他依然以微弱的声音对我说："我心中最放不下的就是四川的锦屏水电工程和南水北调工程，这两项工程太复杂、太重要、太特殊。你们可一定要精心组织，保证工程质量，让这项工程永远造福人民。"这句话成为我与潘总最后的交谈，也成为激励我前进的动力。

"如果三峡工程需要献身，我将毫不犹豫地首先报名。我愿将自己的身躯永远铸在三峡大坝之中，让我的灵魂在晨曦暮霭之中听那水轮机、发电机唱歌，迎接那万吨船队的来往，直到千秋万载……"这绝不是什么豪言壮语，这是一代水利水电泰斗的博大情怀。

在南水北调前期工作及论证阶段，钱正英院士作为水利电力部部长曾给予坚强领导，在非常复杂的外部环境下推动前期工作的进展。在南水北调论证工作提速后，她从领导和专家的不同层面关心指导南水北调总体规划，尤其是在水资源合理布局、工程建设规模及东线水污染治理等重大问题上指导我们把总体规划做深做细做实。南水北调工程开工后，我几乎隔几个月就去看望一下钱院士。一方面汇报南水北调工程建设情况，以期得到她更多的指导；另一方面在她那里可以听到更多专家和水利界的同志对南水北调的意见，以便从多方面吸收做好南水北调工作的营养……

诸位专家就像一座座智慧的大山，给南水北调工程以依靠的力量；就像一条条永不停息的江河，给南水北调工程以智慧的血液。

国家行动

在南水北调工程的整体布局中，可以说建设的关键在中线，而中线工程的关键在移民。它是对政府执政为民宗旨的考验，是对与时俱进移民政策的考验，是对移民工作者一心为移民、一切为移民精神的考验，也是对快速发展进步中社会互助包容程度的考验。

2009 年，库区移民搬迁工作正式开始。2012 年 4 月 23 日，随着河南省淅川县最后一批省内安置移民抵达新家，南水北调一期工程库区移民工作顺利结束。丹江口库区移民作为一个时代的工程建设移民壮举，还要接受几十万移民和历史的考验。

移民新政惠民生

1973 年，在丹江口水库初期工程建成后，水库正常蓄水位达 157 米，淹没河南省淅川县土地面积 362 平方公里，动迁库区移民 20.2 万人。库区移民搬迁工作从 1959 年持续到 1978 年，历时 20 年，移民先后分 6 批被安置在湖北省、河南省、青海省。

2006 年 2 月 20 日，国务院以国调委发〔2006〕10 号文件下发《关于做好南水北调工程征地移民工作的通知》。《通知》强调认真落实南水北调工程征地移民管理体制，严格执行国家批准的征地移民工程概算，切实安排好被征地移民和当地农民的生产生活，并制定相关扶持政策。

根据《通知》精神，南水北调办会同国家发改委、财政部、水利部等部门研究并报国务院批准，调整了部分原有的征地补偿及移民安置政策，实行多项惠民新政。

新政之一是调高土地补偿费和安置补助费标准。新政之二是在丹江口库区搬迁中，不管是二次、三次移民，统统与首次移民一样纳入规划、一视同仁安排。新政之三是规范移民安置方式，改分散安置为集中安置，实事求是调整规划范围，把丹江口水库移民与社会主义新农村建设相结合。新政之四是开展移民工作试点。

至 2009 年底，河南省完成 12 个安置点的建设，10627 人全部搬迁到移民新居；湖北省完成了 9 个安置点的建设，搬迁 7170 人。

蓝图在心中绘就

2003 年 1 月 11 日，南水北调丹江口大坝加高工程水库移民规划工作领导小组第一次会议在湖北鄂州召开。在宣布水库移民规划工作领导机构及办事机构后，我代表水利部明确南水北调库区移民规划目标、原则和要求。库区移民规划的目标：一是保证失地农民及水库移民在搬迁后生活水平不降低，合理利益能保障，确保实现“搬得出、稳得住、能发展、可致富”；二是保证征地移民工作及时推进、平稳有序，为工程建设创造良好的建设环境，保障南水北调中线工程顺利进行。

征地移民规划应遵循的原则：一是坚持以人为本的指导思想；二是严肃缜密、依法行事；三是统筹规划生产生活，搬迁与后期扶持相结合；四是责权清晰，明确移民工作的责任权限与监督机制；五是因地制宜，充分尊重移民意愿；六是公开公平进行实物核查、兑付移民补偿，严格征地移民资金的使用管理和检查监督。

2003 年春节刚过，河南、湖北丹江口库区移民调查组的专家和工作人员，肩负着国家行动的重任，投入科学严谨、务实紧张的征地移民实物数据核查工作之中。据统计，南水北调丹江口大坝加高工程共需移民 34.5 万人，涉及河南、湖北两省 5 个县市 48 个乡镇，其中河南省 16.4 万人、湖北省 18.1 万人，淹没土地 23.43 万亩。

2006 年 4 月 26 日，国务院南水北调办批复了《丹江口水库建设征地移民设计大纲》，正式启动库区移民初步设计工作。

2009 年开始，《南水北调中线一期工程丹江口大坝加高库区移民安置初步设计报告》的分项规划报告先后由南水北调办审查批复，批复规划的总投资由可研报告时的 237 亿元增加到 495 亿元，真正做到了在政策范围内最大限度应补尽补。安置区基础设施及公益设施建设一步到位，让库区移民分享改革发展成果的愿望落到实处。

集中力量办大事的范例

南水北调工程征地移民工作实行建委会领导、省级政府负责、县为基础、项目法人参与的管理体制，其中省级政府负责、县为基础是关键。

2005 年 4 月 5 日，南水北调办组织召开由国家发展改革委、国土资源部、水利部、国务院法制办等国务院有关部门及南水北调沿线 7 省市人民政府参加的南水北调工程征地移民工作会议。随后调水沿线 7 省市分别明确本行政区域内的征地移民责任部门，相继召开南水北调工程征地移民会议。在我代表南水北调办与相关省（市）签订征地移民责任书后，省市县逐级签订责任书，在明确职责和权限基础上把征地移民工作责任层层落实到基层。

依据国务院颁发的南水北调征地移民的有关规定，2005 年 6 月 8 日，南水北调办颁发《南水北调工程建设征地补偿和移民安置资金管理办法》。2005 年 8 月 3 日，颁发《南水北调工程移民安置监测评估暂行办法》。随后陆续颁发了若干规定及办法。同时，还配合国务院有关部门出台了《大中型水利水电工程建设征地补偿和移民安置条例》相配套的规范规定，并以此作为南水北调征地移民工作的指导和遵循。

领导的决心是关键。2009 年全国两会刚过，我去河南调研。在与河南省委副书记、省长郭庚茂同志会面时，郭省长提出河南打算把四年的移民任务提前两年完成。其原因一是为了适应移民群众早搬迁、早安心的呼声和愿望；二是为了保持移民政策的连续性和有效性；三是为了集中使用移民资金，减少物价变动的影响；四是为了全省上下集中时间、集中力量，便于打歼灭战。

2009 年 7 月 24 日，中共河南省委省政府将《河南省丹江口水库移民安置工作实施方案》印发全省有关部门。《方案》详细具体、指向明确，最核心的内容就是移民安置工作“四年任务、两年完成”。这意味着河南省丹江口库区16.4万移民搬迁完成的时间，由原来规划的2013年底提前到2011年8月底。

2009年8月3日，河南省南水北调丹江口库区移民安置指挥部正式挂牌。从此，指挥部办公室的灯光彻夜通明，一个个问题反映到这里来，一个个建议提交给省委省政府，由省委省政府决策后一道道指令又从这里发出。

一场新时期“天下第一难”的移民搬迁安置攻坚战在中原大地打响。同时，湖北人民在不同战场进行着同样的战斗。领导干部履职尽责、务实为民，基层干部脚踏实地、冲锋在前。河南、湖北两省相继有18位移民干部因公殉职，或在搬迁过程中猝然倒下，留下一串难以忘怀的名字……

房子、土地与亲情

住房牵动着一家的欢乐和忧伤。

2003年，国务院办公厅下达停建令，丹江口库区高程在172米以下的农户要搬迁，符合这类条件的，不能加盖新房。

河南省政府和移民办公室深切了解移民的所盼、所求、所想。淅川县移民试点的做法为丹江口库区移民建房进行了有益的探索：一是在充分听取移民意见的基础上，迁出地与安置地无缝对接，确定新村村址、土地划拨位置及数量；二是住房设计科学实用，充分留有选择余地；三是集中建房实行“双委托”，即由移民户与移民迁安委员会签订《委托建房协议》，迁安委员会与安置地乡镇政府签订《转委托建房协议》；四是新村建设规范严谨、保证质量，土地划拨精准，一步到位。

“一心为了移民、一切为了移民、一切服务移民”，这不仅是湖北、河南省委省政府对丹江口库区移民工作提出的要求，更是移民工作的实际行动。

每年的搬迁时段大都选择在盛夏的 6 月中旬到 8 月中旬。一是冬小麦收割了，移民有了粮食储备，搬到新地方手中有粮。二是上中小学的孩子放假了，到新的安置地开始一个新学年，不会影响孩子的学习。三是移民中的老弱病残孕夏天搬家免受严寒，单衣薄被干活利索，行动方便。四是夏天虽湿热一点，但公路不结冰，交通较安全。

组织成百上千人搬迁，一个移民村就需要大货车 200 多辆，空调大客车 50 多辆。数百公里甚至上千公里的大搬迁，绝不是简单的行动。尽管平时的动员，心里有准备，但真到上车离开的时候，每一个移民心中都充满对家乡故土的依恋，充满对父母兄弟已故亲人的难以割舍，充满对安置地生活环境不熟悉的担忧，所以每批每村的搬迁都必须制定详尽的方案。

入情、入理、入实，河南省、湖北省南水北调丹江口库区移民安置指挥部门把移民工作做细做足做实做好，体现了党和政府对移民群众的关怀，收到良好的社会效果。移民感动了，安置地的人民感动了，他们相互倾诉："还是党的移民政策好，还是党的干部好，还是社会主义好！"

奉献的不仅仅是故土

中国人自古安土重迁。当然，随着经济社会的发展和现代化进程的迈进，人民的思想观念也在发生巨大的变化。千千万万农村劳动力走出大山、进入城市，青年一代四海为家的观念悄然形成。然而在农村的中老年人身上，恋乡守土在心中根深蒂固，不到万不得已那些世代居住在大山脚下坡坎沟沿的农民很难迈出这一步。

2011 年 5 月 30 日，乡村教师王品兰带领孩子们唱起了《送别》——"长亭外，古道边，芳草碧连天……"原本坚强的她最终没能忍住阵阵酸楚。除了离别的伤痛，她很怕今天的最后一课成为她教师生涯的最后一课。

同一天，沿江村的凌德功卖掉水塘里的鱼，还有那艘在丹江曾经跟他风雨无阻、闯荡多年的渔船，踏上他人生第 4 次迁徙。新迁的地方远离丹江，他再也不用打鱼了。

那之前，魏营村的魏守生对前来送行的妹妹说："去荥阳到底有 400 多公里的路，我回来一趟总不像在这里容易，每年的清明要是回不来，还请小妹替哥在爹娘的坟头多烧点纸钱吧！"

2010 年 6 月 29 日，淅川县第 6 批移民动迁的日子。60 多岁的老赵看着被拆的房子暗自落泪，弯腰钻进地窖。他最后再看一眼自己一锹一锹挖出来用来放红薯的地窖，用手摸摸阴凉湿润的窖壁，捧起一把地窖的土，装进了事前准备好的小布袋……

谁不想追求更美好的生活？丹江口库区的移民同样向往着家中有余粮、手中有余钱、孩子能上学、老人能看病；同样想着把房子盖得好一点，把媳妇早点娶回家。可是他们难舍生他养他的穷山陡岭、一代传一代的老屋祖坟，难舍从此分居两地的父母兄弟，难舍支撑他们顶天立地的根脉。

在试点移民的日子里，我几乎走遍了每个集中安置点。在党和政府的关怀下，丹江口库区移民的生产生活条件有了很大的改善。

在唐河县毕店镇凌岗村，移民凌贵中指着身旁的两层楼房，高兴得不得了，一个劲儿说："做梦也没想到住上这么好的房子，平坦的大马路，望不到边的庄稼地，房子里敞亮，心里更敞亮。"

早搬来的移民开始做起买卖，一家卖太阳能热水器的门店已开门营业了。太阳能热水器又节能又方便，第一批搬来的移民有些人家的房顶上已经安装。这些以前在农村很少见到的新鲜玩意儿，在移民新村已经较为普遍地用起来。

移民着实高兴了。村支书介绍说："他们家有 7 口人，移民前在淅川人均收入一年就 2000 多元。来到中牟后，人均年收入达到 6000 多元。移民后比移民前经济收入高，绝大多数人都翻了一番。"

搬得出、稳得住、能发展、可致富，丹江口库区移民的后期发展刚刚开始。移民是否回流还要经历历史的考验，但我相信，在党中央的关怀和河南、湖北两省各级党委政府的领导组织下，34.5 万库区移民已做到了和谐搬迁、平安入住。融入当地社会、发展生产、改善生活的工作已经开展，移民群众的日子一定会更加美好。

为了一江清水永续奔流

南水北调工程是通过水资源的优化配置达到生态环境修复和保护的工程，是促进受水区及调水区经济、社会、生态可持续发展的工程。总体规划中详细编制了《南水北调东线工程治污规划》《南水北调中线工程生态环境保护规划》，分析了东线工程沿线的水环境状况，明确了东线治污工程的规划范围，提出了“治理、截污、导流、回用、整治”一体化的治污体系。中线水环境保护则采取改善汉江流域生态环境，坚持预防为主、保护优先、防治结合的工作原则，加强丹江口水库库区及上游地区水污染防治和水土保持。

重症必须猛药医

党中央、国务院及社会各界都十分关注东线治污工作。2003 年 8 月 14 日，时任国务院总理、南水北调建委会主任温家宝在南水北调工程建设委员会第一次会议上就强调：“南水北调工程建设要坚持‘先节水后调水、先治污后通水、先环保后用水’的原则，始终把节水治污放在首位。能否将清洁的长江水安全输送到山东、天津，关系到东线工程建设的成败，关系到我国在国际社会中的形象。东线工程的重点是治污，难点也是治污，要抓紧完善南水北调东线工程治污规划实施意见并尽快启动第一批治污工程。”

2003 年 9 月 22 日，组建不到一个月的国务院南水北调办与国家发改委、监察部、建设部、水利部、国家环保总局联合上报《南水北调东线工程治污规划实施意见》。10 月 2 日，国务院以国函〔2003〕104 号文批转印发了东线治污实施意见。《实施意见》强调五项工作原则：一是实行水质、总量、投资、项目、责任五位一体，建设五位一体的责任机制；二是节水优先、治污为本，从源头上减少污染；三是治污与调水工程相结合，做到清一段、通一段；四是总体推进，重点突破，划定南四湖等重点污染区，优先实施重点治污项目；五是落实地方行政首长负责制，逐级签订治污目标责任书。

南水北调东线江苏、山东两省领导对治污工作高度重视：一是组织有力，分别成立多层次东线治污领导机构，统一协调治污工作；二是科学规划，在东线治污 426 个项目基础上，因地制宜增加京杭运河船舶及垃圾治理、南四湖湿地建设等项目；三是敢于担当、自我加压，提高水污染排放标准、关停高污染工业项目，提高污水管网配套及污水处理厂的工作效益；四是发挥政府、市场两方作用，建立政府领导、部门负责、环保监管、企业治理、舆论监督、群众参与的治污环保工作机制；五是保持严厉打击环保违法的高压态势，提高化工产业准入门槛，以完不成任务就下岗为干部考核的约束性条件，把治污责任落到实处。

作者（右二）考察南水北调东线山东段治污工程

在东线治污攻坚的过程中，国务院南水北调办及有关部门发挥了重要作用：第一是明确治污责任；第二是落实治污资金；第三是实行联合检查；第四是加大协调工作力度。

在党中央、国务院的关怀和江苏、山东两省人民政府的领导下，输水沿线地方政府勇于担当、积极作为，企业及群众不懈努力、热心参与，南水北调办及国务院有关部门加强协调、大力支持，2013 年东线工程通水时，东线水质全线实现了达标北送。

保与治的辩证法

中线水源地——丹江口水库的水质与东线工程不同。丹江口水库的水质总体很好，一般是地表水Ⅱ类，水库中心部位可达到地表水Ⅰ类。因此，东线水质工作的重点是治污，中线丹江口水质工作的重点是长期保护。

2006 年 2 月 16 日，国务院以国函〔2006〕10 号文件批复了《丹江口库区及上游水污染防治和水土保持规划》，明确了陕西、湖北、河南三省人民政府为《规划》实施的责任主体。从此，中线工程水源地的水质保护有了重要依据。《规划》涉及丹江口库区及上游陕西、湖北、河南 3 省 7 个地市的 40 个县，土地面积 8.81 万平方公里。3 省政府针对不同地域特点，就工业结构调整、污水排放及水环境保护、小流域治理及水土保持、污水处理厂及配套管网建设、垃圾处理及矿山重金属污染等方面制定多项政策制度和区域性法规。

多年来，湖北十堰、河南淅川都有种植黄姜的习惯。黄姜加工企业是重污染企业，治理整顿该类企业是南水北调中线水质保护的重点、难点。我们一方面支持地方政府引导当地农民调整产业结构，结合当地气候和水土特点，把种植黄姜逐步转移到种植花椒、果树等其他经济作物上来。另一方面会同科学技术部设立黄姜加工工艺研究专题，并与清华大学、武汉大学签订科技攻关协议，组织科研人员联合攻关。

2008 年 11 月 26 日，财政部以《财政部关于增加三江源等生态保护

2019 年 11 月 26 日，无人机拍摄的丹江口水库大坝（新华社记者熊琦摄）

区转移支付力度的请示》报呈国务院。在国务院批准后，2008 年，中央财政下达陕西、湖北、河南生态保护区转移支付 14.46 亿元，主要用于工业结构调整、生态环境保护，部分资金用于污水处理厂运行费用补助。

在《规划》中，陕西的水土保持小流域治理项目最多，生态补偿的转移支付也最大。我在陕西调研时，看到眼前崭新的居民点、配套的污水处理设施和人民群众满意的笑脸，听着干部群众质朴的话语，感到一种巨大的力量在推动着丹江口水库上游的水污染治理及生态环境保护。那就是党中央、国务院把生态文明纳入“五位一体”的战略部署和加强生态文明建设的号召已深入人心；那就是地方党委、政府在认真实施规划的同时又因地制宜、结合当地经济社会发展，实施以扶贫攻坚、生态环保为目的的规划之外的措施，加大水污染防治和生态保护的力度；那就是调水区的人民群众把保护生态环境、保证汉江水质与向北京及受水区人民送去甘甜优质的汉江水紧密联系在一起，形成自觉自愿的行动。

打造千里清水廊道

南水北调中线工程输水总干渠全长 1267 公里，天津干线长 154 公里。输水沿线既有大中城市又有农村矿区，既要穿越河流又要跨越铁道公路，既有挖渠输水的地下工程也有筑堤输水的地表建筑，既有黄河以南地区的四季不冻的平静渠流又有黄河以北冬季严寒下的冰期输水。在气候条件复杂、工程形式各异、人类活动密集的区域建设南水北调中线总干渠，如何保证工程建成后的水质安全，使一库清水永续北送，是我们必须认真研究的问题。

在南水北调工程总体规划阶段，由于工作的深度和条件，难以提出更加具体的输水水质保护措施，在后续的规划设计、工程建设中，围绕着保证中线工程输水水质安全，进一步做了几项工作：一、明确目标，科学规划；二、划定保护区，建设清水廊道工程；三、做好施工区的生态环境保护工作，真正把 1267 公里长的输水总干渠打造成生态长廊、绿色长廊。

习近平总书记在视察南水北调工程时指出，南水北调工程事关战略全局、事关长远发展、事关人民福祉，是重大战略性基础设施，功在当代、利在千秋。他曾多次就这一工程作出重要指示批示，研究部署全面加强水利基础设施建设，擘画国家水网建设。

南水北调工程作为世界上建设规模最大、供水规模最大、调水距离最长、受益人口最多的调水工程，从 2002 年 12 月正式开工建设，到 2014 年 12 月东、中线一期工程全面建成通水，历经 10 余年的艰辛建设。水利工作者栉风沐雨、披荆斩棘、接续奋斗，成功克服了一项又一项重大难题，取得了一项又一项重要突破。东、中线一期全面通水以来，截至 2022 年 12 月 12 日，8 年多累计调水总量超过 586 亿立方米，其中生态补水 92.81 亿立方米，发挥了巨大的经济、社会、生态和文化效益：通过改善北方地区供水，优化了水资源配置格局；通过实施一系列综合水质保护措施，保障了群众饮水安全；通过水源置换、生态补水等措施，复苏了河湖生态环境；将南方地区水资源优势转化为北方地区发展优势，畅通了南北经济循环；提升了基础设施服务经济社会发展的功能水平，在航运、灌溉、防洪等方面发挥作用；促进了南北方水文化的交融发展。

南水北调工程取得历史性成就的背后，充分体现了党领导中国特色社会主义现代化建设的宝贵经验和重大意义，彰显了国家制度和国家治理体系的优势，展现了建设管理体制的成效。工程建设更凝聚了几代人的心血和智慧，饱含先辈奉献、移民精神和建设者的担当贡献。在建设过程中，涌现出许多令人感动的平凡人物，正是他们造就了南水北调工程的伟大与神奇，是他们用忠诚和勤劳守护并延续自强不息的民族精神。站在新的历史起点，新一代的建设者们将继续为书写南水北调新的篇章贡献不竭的蓬勃力量。

2023 年 8 月

（吕潇潇　薄　宁　整理）

改革开放

嫦娥四号发射前后

叶培建 [*]

嫦娥四号是人类第一个软着陆月球背面的人造飞行器。这项任务挑战巨大，技术复杂，路程艰难。当然，这中间的问题不仅仅是技术，还有“嫦娥四号落在哪儿”决策中的争议。我是坚决主张“落在月背，迎接挑战”的人，可能也是“最坚决”的人，所以在发射前后的心路就更加起伏——有动力、有压力、有希望、有成功之喜悦！我或许比别人感受更深。为此，把嫦娥四号发射前后的一些故事讲述于此，也可为整个任务增添一点色彩。

争出来的嫦娥四号任务

嫦娥一号任务圆满成功后，我们迅速投入嫦娥二号任务的规划中，但想法一度出现分歧。

嫦娥二号与嫦娥一号同时研制，原本作为其备份。当时有人认为，嫦娥一号任务已经成功，没必要再花钱发射备份星。

我站在反对的一方。我认为，探月工程并非到此为止，既然研制了这

---

* 叶培建，第十一、十二届全国政协委员，中国空间技术研究院技术顾问、研究员，中国科学院院士。

颗卫星，为什么不利用它走得更远？

事实证明，2010 年国庆节发射的嫦娥二号作为探月二期工程先导星，不仅让探月成果更进一步，还为后续落月任务奠定了基础，并且成功开展了多项拓展试验。嫦娥二号完成了地日拉格朗日 L2 点探测，以及对图塔蒂斯小行星的飞越探测，取得了珍贵的科学数据；最后飞至 1 亿公里以外，对我国深空探测能力进行了验证。

嫦娥二号证明了备份星也能独当一面。因而当 2013 年 12 月 2 日发射的嫦娥三号探测器完成落月任务后，其备份嫦娥四号没有再面临是否发射的问题，但在任务规划上仍有分歧。

不少人认为，嫦娥四号无须冒险，还应落在月球正面。我再次反对："中国探月工程应该走一步跨一步。落到月球背面去，这是一个创举。"嫦娥四号应该摆脱求稳思维，更进一步，到人类探测器从未踏足过的月球背面去看一看。我向上级提议："落到月球背面，成功了是一大亮点，即便不成功，也是人类第一次，可以原谅。""先不要讲什么科学意义、技术带动，单从逻辑学上看，落到月球背面的科学意义就是一句话：背面没去过！"我坚持到什么程度呢？坚持到在一份落在月球正面的纪要上不肯签字！在我和部分同志的坚持之下，有关部门组织了多次讨论，最终通过了嫦娥四号在月球背面着陆的方案。

嫦娥四号奔向月背

地球上的人是永远看不到月球背面的，所以就要解决嫦娥四号落到月背后的通信问题，工程设计了在地—月 L2 点"安置"一颗中继星。这颗星在全国范围内公开征名，大众积极参与，提出的名字很多。我们组织了遴选，决策会我也参加了，还特邀了一些文学人士参加会议。我在第一轮发言中就建议选用"鹊桥"这个名字。会议选出了"鹊桥""青鸟"等三个名字供领导决策，最终确定了“鹊桥”。“鹊桥”从科学上、艺术上、中国传统文化上都是十分恰当的。

“鹊桥”于 2018 年 5 月 21 日在西昌卫星发射中心发射，至今运行很好。承担这颗卫星任务的五院东方红卫星公司的张立华总师和他们团队干得很漂亮。因为这是一颗单个卫星，可以单独立项，所以确认它在工程中的角色就很重要。在工程实施过程中，我一直强调“鹊桥”是嫦娥四号任务的一部分，是系统中的一环，必须统一管理。实践证明这样做是非常有利于工程成功的，立华也有同感。在“鹊桥”准备阶段，我于 5 月 5 日赴西昌基地，检查和了解工作情况。一切令人放心。5 月 21 日“鹊桥”成功发射，经一系列操作，到达 L2 点。

“鹊桥”在 L2 点待命，嫦娥四号的研制工作也到了最后阶段，具备了进发射场准备发射的条件。按照我们的传统做法，嫦娥四号于 8 月 16 日在京召开进场动员大会。大会邀我发言，我讲话很短，主题就两句话：我们一定要成功！我们一定能成功！并现场写了一副对联，以鼓士气：

架鹊桥　落月背　巡视月球　创世界第一
善创新　勇攀登　进军深空　建航天强国

9 月 16 日我赴西昌基地，在基地查看了各项准备，见到大家工作有序，士气旺盛，坚信“一定能胜利”，遂写《七律·预祝嫦娥四号任务胜利》一首：

嫦四小妹比姐强，月背广寒梳新装。
鹊桥已建娘家路，北斗七星做伴娘。[①]

① 嫦娥四号任务期间，北斗三号有七星升空。

五发连胜树榜样[1]，大雪次日启飞翔。[2]
着陆巡视都成功，我辈苍穹书辉煌。

嫦娥四号预定2018年12月8日凌晨2点多发射。此前我在北京飞行控制中心，一方面作为探测器总师、总指挥顾问，做他们的“撑腰”，另一方面担任飞行控制专家组组长，和老专家们做好飞控保证支撑工作。2018年12月6日下午5时，在唐家岭报告厅召开全体在京上岗人员动员会，我作了一个简短动员。据各方反映，效果很好，讲得不少人热血沸腾。当时在宣传部门和同志们的微信、微博中有传播，现补记如下：

（2018年12月6日下午5时，唐家岭会展报告厅，对象：全体飞控队员，飞控专家组成员）

同志们，嫦娥四号就将在西昌发射升空，她一升空，接力棒就交到了我们的手里，不知你们心情如何？我虽已年过70，经历多多，但此时心情十分激动！首先是自豪，全世界70多亿人，我们嫦娥四号的骨干队伍也就几百人吧？这个全人类的第一次，就要由我们来实现，千万分之一的机遇呀！千万分之一的幸运就落在了我们身上，多么的自豪与光荣呀！但这个第一次又是十分艰难的。我们已在准备去探火星，假如把天安门广场当成地球，上海外滩看成火星，月亮不过就是王府井的大饭店，但我们外滩都想去了，他人早就去过了，但王府井大饭店的背面就是没人去过，那么近，去不了，可见有多艰难。我们做了这么多的准备，“鹊桥”已待命于天上，我们一定会成功！接力棒在我们飞控人员手中，必须百倍小心，每一个指令、每一个动作、每一个参数都必须反复核对、确认无误！这方面我们是有惨痛教训的，

① 五发连胜是指嫦娥一号、二号、三号、五号试验器和“鹊桥”。

② 嫦娥四号在农历大雪节气次日发射，瑞雪兆丰年，好兆头！

在座的有和我一起经历过“中国资源二号”发射任务的，就是一条指令输入参数有误，差点造成任务失败，而这参数是经我们的队员核对的。所以每一个队员都要全神贯注，站好自己的岗，每一位专家都要尽责，出了问题你也是有责任的。我们都知道嫦娥四号落月背是世界第一次，落哪儿也知道，是南极艾特肯盆地，但可能没有感性认识。这里我展示一张我和该盆地合成的一张像，我心中想着那里，具体地点是冯·卡门撞击坑。冯·卡门是世界航天领域的先锋，钱老的老师，冯·卡门老先生知道这是中国人第一个落在以他（的名字）命名的地方，也一定会为中国人的创造性而高兴。我想大家都一定盼着嫦四能安全到达那儿！我相信，有前期几年的充分工作，有靶场的卓越工作，无一问题发生，有金牌火箭的托举，再有我们飞控队的精心准备和飞控中心指战员的大力协同，我们一定成功。在嫦四进场动员会上我讲的两句话“我们一定要成功，我们一定能成功”就将变成现实。

今晚晚餐请大家多吃，吃好，精力充沛，打赢这一仗！

嫦娥四号 12 月 8 日凌晨成功发射，并于 2019 年 1 月 3 日安全降落月球背面，实现了人类第一次！激动之余，我起身走至在飞控大厅决策席就座的探测器总指挥赫荣伟、总师孙泽洲处，向他们表示祝贺，并到工作席张熇总监处祝贺。张总百感交集，热泪盈眶。新华社在场记者捕捉到这一情景，后来还进行了面对面采访，并发图、发文，形成一股网络热。

张熇的流泪是有故事的，多年的辛苦自不必说。发射当天，升空不久，需做一个发动机末端排气动作。在这过程中，突然有两个不该打开的阀门被打开了，造成大量燃料泄漏。嫦娥四号要落月背，燃料十分宝贵，是精打细算的。尽管阀门 20 秒后就关闭了，但损失的燃料已较可观，而且随着泄漏，不同储箱内容量有差别，会造成卫星姿态变化，为调整姿态就需再耗燃料！情况是紧急的，后果也可能是很严重的。为了解决这一紧

张熇的流泪

急状况，一方面我们组织人员进行阀门异常打开原因的分析，同时在场专家、同志们冷静分析、思考，拿出了一系列对策，在后来的飞行控制中做了精细安排和调整，使得嫦娥四号落月背时还有一点燃料余量。在经历了多天煎熬和努力后，成功降落自然使我们所有参与的人如释重负，作为主要负责人的张熇一下子就泪奔了。

这幅我和张熇交流的照片很快成为“网红”照片。其实这张照片中还有一个小秘密，大家不知注意到坐在张熇右手边一位头戴发夹的女同志没有？她是我的堂妹，嫦娥四号数管分系统的主任设计师叶志玲。她和我是一个爷爷，我父亲兄弟姐妹6人，我爸是老大，我是老大家的长子，她是我小叔叔老六的小女儿，所以我们两人年纪差别很大。她2001年大学毕业后，来到航天领域工作也已20年了，一直从事飞行器数管研制。数管分系统就是一个飞行器的“大管家”，它联系各个设备，操纵与管理整个飞行器的运作，十分重要，所以值班时叶志玲就被安排在了张熇总监旁

本文作者与堂妹叶志玲在人民大会堂东门广场合影

边。由于她在嫦娥四号中的贡献，她也有幸参加了习近平主席在人民大会堂的接见。那一天，我和她在人民大会堂东门广场手持请柬合照留念，这照片也算我们兄妹共同战斗的见证吧！

嫦娥四号落月后，玉兔二号月球车顺利走到月面。关心嫦娥工程的人都知道，玉兔一号随嫦娥三号落月后，也开到月面并在第一个月球白天正常工作，尽管后来嫦娥三号和玉兔一号都工作了很久很久，但由于玉兔一号有一个轮子出了问题，不能继续行走，非常遗憾！所以做嫦娥四号任务规划时，一开始我主张可不上月球车，把全部资源都集中用于保证“落在月背”的实施。这一设想使得负责月球车的贾阳副总师等人很难过、心不甘，有的同志眼泪都下来了，坚决要求继续上月球车。这使我想起我任中国资源二号卫星总师时，一位资深副总师为了力挺国产星敏感器上星也激动、焦虑而落泪，现在星敏也是我们的拳头产品，还可出口。一方面被他们的精神所感动，另一方面经全面优化也具备了上的条件，因此最后决策上了玉兔二号。贾阳他们做了许多工作，后来事实证明玉兔二号表现很好，很出色，继而中国的火星车祝融号更是扬名世界。能有这样的好成绩，贾阳他们是把这个“工作”当“事业”来干的，对他们来说是“金不换”的。

收获成功与喜悦

2019年元月10日，玉兔二号在月背走到了预定点。在此之前，部分科学载荷已开机测试并获科学探测数据，可以说此时已经能提前锁定嫦娥四号任务的圆满成功。我写了《七律·赞嫦娥四号》：

"嫦四"软落到月球，玉兔巡视稳步走。
"鹊桥"架起地月路，科学载荷显身手。
首创探秘月背后，技术科学双丰收。
宇宙探索路漫漫，薪火相传永不休。

元月16日，在《人民日报》和中国科协组织的中国科普日活动上，张熇总监展示了这首诗，引起很大反响，效果很好。

2018年元月11日下午，着陆器和巡视器两器互拍成功，图像下传，十分清晰，五星红旗鲜艳。工程总指挥宣布，嫦娥四号任务取得圆满成功。为配合直播的现场，我和探月中心裴照宇副主任做客CCTV-13。我们做了一个多小时的互动，对全国观众介绍了嫦四的科学意义、工程技术挑战、月球车及一些有趣的事。至此，嫦娥四号任务第一阶段圆满结束，后续还将继续开展科学探测任务。回想任务执行期间的每一个日日夜夜，所有重大动作节点，尤其是在遇到紧急情况时都在现场，既有惊心动魄，又有欣喜万分，成功来之不易，这支队伍也在重大任务中成熟了！

为更好地宣传嫦娥四号的科学与工程成就、总结经验，我与《中国科学》沟通后，依照过去嫦娥各型号成功后的做法，在《中国科学》组织专栏发表文章，向世界发声，也可为科研工作者们创建一个平台，发表文章、提高研究水平。

嫦娥四号首组文章发表之时，应编辑部之邀，我写了如下《按语》：

嫦娥四号任务实现了人类首次月球背面软着陆和巡视勘察，意义重大，影响深远，举世瞩目。嫦娥四号探测器系统由着陆器、巡视器玉兔二号和中继星“鹊桥”组成。嫦娥四号任务分为两次发射：第一次，2018 年 5 月 21 日，中继星成功发射，6 月 14 日顺利进入绕地月 L2 平动点的 Halo 使命轨道；第二次，2018 年 12 月 8 日，着陆器、巡视器组合在一起成功发射，12 月 12 日实施近月制动进入环月轨道，2019 年 1 月 3 日成功着陆到月球背面冯·卡门撞击坑着陆区内，并完成着陆器与巡视器的分离，1 月 11 日成功实现了两器互拍。两器的科学有效载荷正在开展探测工作。

在科学上，月球背面，由于其特殊的空间位置，使其具有月球正面所不具备的特点。一方面，它屏蔽了来自地球的各类无线电信号，是对宇宙电磁波谱探测的最佳地点；另一方面，具有月球最大、最深、最古老的盆地南极—艾特肯（SPA）盆地，保存了月球的早期信息，因此嫦娥四号对于低频射电天文观测与研究，月球和地月系的初期历史和演化、深层次的构造和成分的研究，都具有重要的意义。在工程上，嫦娥四号实现了人类首次月球背面软着陆和巡视勘察，首次地月 L2 点中继星对地对月的测控、数传中继。这些工程技术难点的突破，进一步提升我国月球及深空探测的技术水平，提高了进入、到达和探测地外天体的能力。

嫦娥四号的一小步，无疑是整个人类太空探索史的一大步。党中央、国务院、中央军委发出了贺电，世界惊叹中国跃居“太空强国”。美国宇航局（NASA）局长吉姆·布里登斯廷第一时间向中国“嫦娥四号”团队表示祝贺。日本的《朝日新闻》报道，探测月球仅仅十几年的中国，领先于美俄两国成功在月球背面着陆，向着实现

嫦娥四号着陆器

“太空强国”的目标大幅迈进。英国的《泰晤士报》报道，中国向月球的巨大飞跃让它成为新的太空竞赛的角逐者，现在中国有了它第一个重大的“最早”。

嫦娥四号目前已经取得了初步的成果。着陆器在着陆过程中采用降落相机成功获取了下降过程中的视频，着陆后通过监视相机获得了人类探测器在月球背面近距离拍摄的第一张图片，通过地形地貌相机对着陆点周围进行了 360° 成像，人类首次得以观察到月球背面的细节。着陆器的地形地貌相机和巡视器的全景相机成功实现了两器的互拍，五星红旗鲜艳夺目。着陆器上携带的低频射电频谱仪、月表中子及辐射剂量探测仪，巡视器上携带的红外成像光谱仪、中性原子探测仪、测月雷达等有效载荷设备均开机工作，开始获得月球背面的科学探测数据，生物科普载荷中已长出了棉花幼苗。今后还将对月夜浅层月壤温度进行就地探测，不断积累数据，为深化对月球的认识提供直接的证据。

我所知道的爱新觉罗·溥仪

汪东林*

初识溥仪

20世纪60年代初的全国政协机关，牌子大，工作人员少，而且办公区域也非常小。为召开中共八大而建的政协礼堂虽然很大，但它主要供全国政协委员参加大小会议和各种活动使用，再加上中央其他机关重要活动借用，并非办公用地。

当我1962年从作家协会调入全国政协机关工作时，仅有的七八十名机关干部（工勤人员除外）就挤在政协礼堂北边的机关大院即原顺承郡王府内上班。而且就是这座郡王府，也仅限于进南大门之后的南北两个大院，其东院还办着幼儿园兼干部住家，其西院是医务室、食堂等公用场所。北大院后头的两层小楼，历史上是王府的随从人员和仆人的住地，而今住着一部分机关干部家属。

由于没有单身宿舍，我和刚从北京大学历史系毕业分配到政协文史资料研究委员会办公室工作的孔令源同志，受到“特殊待遇”，被安排居住

---

* 汪东林，第八、九届全国政协委员，曾任全国政协民族和宗教委员会办公室巡视员兼副主任，《人民政协报》副总编辑。

在南大院办公核心区的西楼（两层）上的一间有 20 平方米的屋子里。孔令源比我先到一个月。我一住进去他就对我说，你我受优待，居住在办公核心区。他指着楼下大院北边的大房子说，那里是召开政协副主席办公会议、秘书长办公会议等的场所，又是政协秘书处（当时的机关中枢机构）办公室，是全机关的核心办公之地。他还神秘兮兮地对我说："受优待居住在核心办公区的除了你我，还有两个人——就是刚刚新婚不久的爱新觉罗·溥仪夫妇，他们就住在对面的东楼一层，明天你就可以看到'皇上'和'皇后'，我们的福分大不大？他们是婚后在外面找不到合适的住房而受优待住进来的，已有几个月了！"我听完"呀"了一声，立即站了起来。他指着东楼一层中间的一扇大门说，那就是他们俩居住的地方。我望了一眼，离我们的距离约 30 米，正巧面对面。

次日早晨 6 点半左右，我按习惯起床洗漱好下楼，在南北大院转了一圈，回到我住宿的东西小楼之间、副主席会议室前面的大平台上，做起自编的综合体操。此时的南大院空无一人，除了树上鸟儿不时发出叫声，十分寂静。我正做着体操，耳边传来了"吱"的开门声，我举目一扫，正是昨晚小孔指给我看的东楼一层中间的大门。先走出来一个打扮入时的 40 来岁的女人，相貌优雅文静，手提一个中型黑色皮包，显得大了一些。我远远地注目，心想这准是溥仪的新婚夫人李淑贤了。女人刚顺手关上门，紧接着门又被推开，出来一个戴眼镜的男人，他拉着女人的手，走下台阶，向我站的平台方向走来。

这一定是溥仪了！我目不转睛地盯着他们，他们却没有看我。等他们一直上了台阶，到了我站着的平台，要往大院的二道门走去，才发现了我。由于彼此陌生，却又因为大院别无他人，迎面碰上，我主动向他们点头微笑，他们也对我微笑点头，算是还了礼，但都没有说话。这就是我初见溥仪的场景。

我回到宿舍，把刚才楼下平台二道门间的一幕，告诉孔令源同志。他

1961 年夏，时为文史专员的溥仪（后排中）与政协机关工作人员摄于京郊潭柘寺。前排中间女士，为后成为本文作者夫人的石玉喜，时年 19 岁

笑了，操着广东口音对我说："慢慢你就知道了。我在文史资料研究委员会办公室上班已一个多月了，我们的办公室在东院，房子矮小拥挤，还有一个办公室就在楼下二道门东侧，比较大，但也很挤。但在北大院西侧，专门给一、二批文史专员如溥仪、溥杰、杜聿明、宋希濂、沈醉等开辟了专员大办公室，有沙发、地毯。他们每天同机关干部一样上下班，不是自己写稿，就是审稿编稿，还挺忙的。文史专员中最活跃、见人就熟的是沈醉，见人金口不开甚至目不斜视的是溥仪，倒不是他有架子，而是就这种怪怪的性格，挺好笑又好玩的！"小孔的一席话在后来相处的几年里，渐渐得到印证。

那时候，虽然没有明文规定，但文史专员毕竟是前"特赦人员"，因而一般的机关干部，常同他们保持一定的"距离"。比如，不主动同他们交往，自然也不会主动去文史专员办公室，等等。实际上，他们已是中华人民共和国的公民，文史专员是正式任命的职务。他们平时同样出席机关干部职工的全体会议，也参加春游秋游和夏秋临时下乡劳动等活动，不同的是没有给文史专员定行政级别。但他们的工资却不低，专任文史专员时每月 100 元，相当于行政处级干部；当了全国政协委员，工资翻番，每月 200 元，相当于厅局级干部。

当时我同文史专员的关系比较密切，原因有二：一是我很快进入学习委员会办公室工作，重点负责全国政协直属学习组（由知名无党派爱国民主人士的全国政协委员组成）的工作，同时联系各民主党派中央和全国工商联的各学习组及文史专员学习组的学习工作。当时还没有文史专员担任全国政协委员，他们组成一个独立的学习组，小组秘书由文史办公室派人兼职，但整个学习内容安排和情况反映由学委会办公室统一负责。这是一项经常性的联系工作，我因此经常去文史办公室和文史专员办公室。二是我个人特别爱好文史资料研究工作，曾几次想调到文史办公室工作。因此我常常趁联系工作之机，主动找文史专员谈论他们的文史稿件，特别是与沈醉和宋希濂两位关系更密切些。关于溥仪的趣事，最早就是由他们传到我耳朵里的。

1959 年首批和 1960 年第二批特赦的战犯，按照当时的安排，为了让他们先接触和了解新社会的老百姓生活，都先到京郊红星公社（农场）旧宫大队参加劳动一年，吃住在农民家里；或被派到北京植物园参加绿化工作，还学习果树嫁接技术。

此事由时任北京市委统战部部长廖沫沙全权负责，交由北京市民政局落实。在此期间，不知是谁出的主意，让溥仪和其他特赦战犯一块儿参观了一次故宫博物院，北京市派管理干部陪同，故宫方面也派人接待。溥仪 3 岁登基，辛亥革命后被废，却受优待继续在故宫做“小皇帝”。到 1924 年冯玉祥将军进北京把溥仪轰出故宫时，他已 18 岁。溥仪在故宫度过了少年时代，30 多年后再进故宫，不但他自己觉得新鲜，而且同行都把他当成导游，让他讲讲故宫过去的故事。

他平日沉默寡言，这次却颇为兴奋，有问必答。他说故宫比早年漂亮多了，变新变大了，他真没有想到。他还讲起他所知道的，诸如先帝乾隆何以首创生前皇帝退位养老，珍妃何以被慈禧太后投井而死，他 3 岁登基何以在太和殿皇帝宝座大哭大闹，等等。但人们更感兴趣的是他为了学骑自行车，下令把养心殿附近院落的大门门槛统统砍掉的故事。原来，在故宫小朝廷当皇帝的溥仪进入少年时期，也同别的孩子一样，什么新鲜就玩什么。那年月，学骑自行车是新鲜事。溥仪不愿意往故宫大广场上骑，那里不仅路远，而且是砖头铺砌的，高低不平。他就喜欢在居住的养心殿附近窜巷子，进院子，曲里拐弯，十分有趣。但所有院落的大门都有门槛，十分碍事。他便下令，两天内把附近几个院落的大门门槛统统砍平。从此，骑车无障碍，痛快极了。溥仪讲完，沈醉就问："那时做小皇帝，还是金口玉言，一张口就立即执行?"溥仪即答："那当然。小皇帝也是皇帝，谁也不敢出言阻止！那时我还有随时处罚他们的权力呢!"所有同行者都不约而同地发出了笑声。

备受关照的政协委员溥仪

经过中央几个部门协商推荐，在 1964 年 12 月至 1965 年 1 月召开的政协第四届全国委员会第一次会议上，溥仪、杜聿明、宋希濂、范汉杰、王耀武、廖耀湘等 6 名政协文史专员担任了特别邀请人士界别的全国政协委员，引起国内外关注，因为这是党的统一战线进一步扩大的一个标志。

在这 6 名首批被推荐担任全国政协委员的文史专员中，溥仪尤其受到从上到下的关切。从 1959 年 12 月首批特赦战犯开始，各种公开报道，溥仪的名字都排在首位。至 1964 年 12 月公布 6 名文史专员担任全国政协委员时，溥仪仍然名列榜首，这是一种政治待遇。溥仪在文史资料研究工作和个人生活方面受到的关切照顾，也是十分突出的。下面仅就笔者的亲历亲见亲闻，略说一二。

首先是他的日常生活。溥仪和李淑贤夫妇 1962 年新婚之初，曾住在全国政协核心办公区，这在诸多新婚的政协文史专员中，就是一个特例了。后来找到新住宅，是政协机关北边的一个独立的小四合院，这也是特殊照顾。诸如杜聿明的夫人辗转从美国归来，宋希濂与易吟先新婚，也只是搬进东城前厂胡同一个较大的四合院，与唐生明、徐来夫妇同住。

搬进新居后的溥仪夫妇

至于婚姻本身，以溥仪的历史经历和个性特质，要他本人找到合适的结婚对象，难度可想而知。据我所知，李淑贤女士是北京一家大医院的资深护士。无论是专业照护还是情感需要，对于溥仪都是求之不得的。他们的结合，是溥仪所在的政协机关和李淑贤所在的医院诸方面以多种方式出力，有好些双方的“红娘”分头牵线才促成的。当初我所见到的大清早溥仪送夫人上班到大门口的一幕，后来彼此相熟后他亲口对我解释过，“她上班的医院在朝阳门外，路上要走一个多小时”，“她白天上班，早晚还得照顾我，很忙，也很累”！话语中透露出这对新婚夫妇的情感。而且他们的婚礼也举办得热闹而隆重，地点在东城南河沿全国政协文化俱乐部。虽然其时国家正处于经济困难时期，没有摆宴席，但仍然是茶话会加酒会的形式，到场祝贺者近百人之多，全国政协、中央统战部、北京市委统战部都派有部级干部出席，颇为重视。由溥仪结婚开了头，那几年宋希濂等人办婚礼，地址也沿用南河沿政协文化俱乐部，但规模都不及溥仪的婚礼。

1959 年至 1961 年，是我国“三年困难时期”，粮油糖肉蛋布等若干生活必需品凭票定量供给，市场多种商品供应紧张。而 1959 年、1960

年、1961 年连续释放三批特赦战犯，正赶上这个时期。当时党中央、国务院考虑到各民主党派中央、全国工商联和无党派人士中的高层人士生活困难，便调动储备物资，在政协礼堂开设内部餐厅，每人每周发两张餐券，凭券供应一顿有肉蛋菜蔬的平价饭菜。当时这种平价供应的范围只到非中共全国政协委员为止，文史专员也享受同等的待遇。这当然是党的统一战线工作的特殊需要，但对于刚刚释放不久当上文史专员的全体人员，是一种温馨，是一种激励！包括溥仪在内的所有文史专员都异口同声地说，共产党的政策，何止是让我们洗心革面，重新做人？这样的照顾，这样的温暖，我们的后半生只有全心全意为人民服务，尽全力发余热，创业绩，立新功，别无选择！

另外值得一提的是，所有政协文史专员都单独或集体受到国务院总理、也是全国政协主席周恩来的接见，也在公众场合见过毛主席，但唯独溥仪 1961 年在中南海颐年堂受到毛主席的单独接见。他们谈话长达五个多小时，还共进晚餐，其间溥仪曾几次痛哭流涕。回政协机关后，溥仪与领导和同事每次谈起毛主席的亲切接见、谆谆教导，仍常常泪流满面……

溥仪自传的出版

溥仪和其他十多位政协文史专员一样，每天到专员室上班，全神贯注地埋头工作，任务有两项：写稿和审稿。

人民政协的文史资料工作，是 1959 年全国政协主席周恩来在一次 60 岁以上的全国政协委员的茶话会上提出的。随后工作机构全国政协文史资料研究委员会正式成立，有威望的历史学家范文澜任主任委员，还有若干位副主任委员。天天坐镇组织指挥这项新任务的是政协机关党组成员、副秘书长、文史资料研究委员会副主任委员申伯纯同志。这位被尊称为“申老”或“申伯老”的老同志，既是毕业于北京大学的文化素质高的老北京人，又是资深的党的统一战线工作领导人之一。

1936 年西安事变时申伯纯就任杨虎城西北军总部的交际处处长，身份公开后又担任过八路军前方总部的秘书长。新中国成立后，他曾担任政务院秘书厅主任和国务院机关事务管理局副局长。后申伯纯从国务院机关调到全国政协机关做领导工作，专门负责和开展政协文史资料这项新任务、新工作。自周恩来主席发出号召之后，许多年高有阅历的全国政协委员，执笔挥书清末民初直至 1949 年新中国成立前的“三亲”（亲历、亲见、亲闻）史料，稿件源源而来。申伯纯同志一抓文史委办公室，二抓文史专员办公室，审稿改稿，很快推出了内部发行的《文史资料选辑》。因为特殊的撰稿人、特殊的内容和形式，《文史资料选辑》立即引起关注，很快“洛阳纸贵”，供不应求。

正在这个时段，我主动同溥仪搭话，问他：“真没想到《文史资料选辑》这么受欢迎，沈醉写的《我所知道的戴笠》和宋希濂写的《我在西南的挣扎和被歼灭的经过》等文章都轰动了，刊登这些文章的几期《文史资料选辑》内购都脱销了。您老最近都忙着写什么大作?”我是在政协大院后大殿小广场做工间操结束时单独问他的，他并没有马上回答，看了看两侧，然后才说：“史料文章看的人多，也鼓励了我们。写稿、审稿、编稿，我们每个文史专员都忙，晚上经常加班加点，申伯老给每人每天发三角钱夜餐费。我现在的主要工作是审稿，东北的、伪满洲国的，都忙不过来。另外，我的自传《我的前半生》一书最后定稿的版本，马上要出版了。我正在做这本书的最后校订工作。我经历的事，这本书里都有

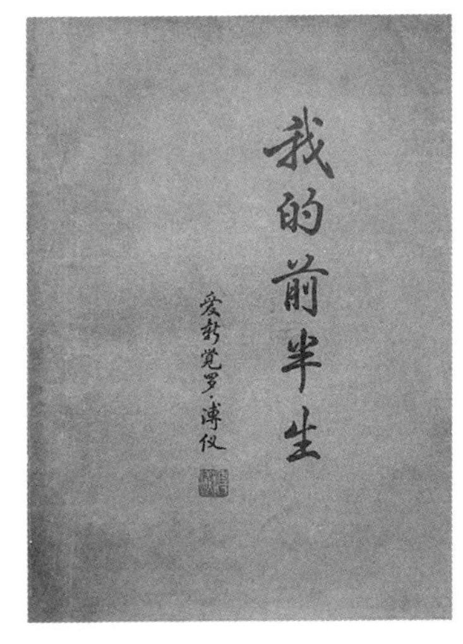

《我的前半生》书影

了，用不着再写什么单篇文章了。”我听罢连连说：“您说得对，说得对！《我的前半生》才是重头戏，分量重，我怎么一时忘了这个茬呢？真不应该！”他马上回答：“这本书是我的亲身经历，我也付出了心血，但严格讲，并不是我一个人写的，公安部群众出版社的编辑，政协文史委的领导和同事，包括我弟弟溥杰，都出了大力气的，用现在的话说，可算是集体撰写的，真的！”他说着，竟露出了十分自然的满意的笑容。

的确，溥仪的《我的前半生》一书影响之广而持久，是任何同类型的自传式的文史资料著作不可比拟的。远在抚顺战犯管理所劳动改造时，自 1951 年溥仪以自述方式写悔过书开始，就受到有关部门的重视。在 1959 年特赦之前，已内部出版过《我的前半生》灰皮书。后来群众出版社几个编辑与溥仪合作，对全书做了修改补充。但真正定稿杀青正式出版发行，是在溥仪担任全国政协文史专员之后。

据溥仪日记记载，仅 1963 年上半年，他就 20 次去群众出版社修改敲定全书章节文字。同年下半年，全书经全国政协文史资料研究委员会专职副主任申伯纯审定拍板，报请中央宣传部和中央统战部批准，后于 1964

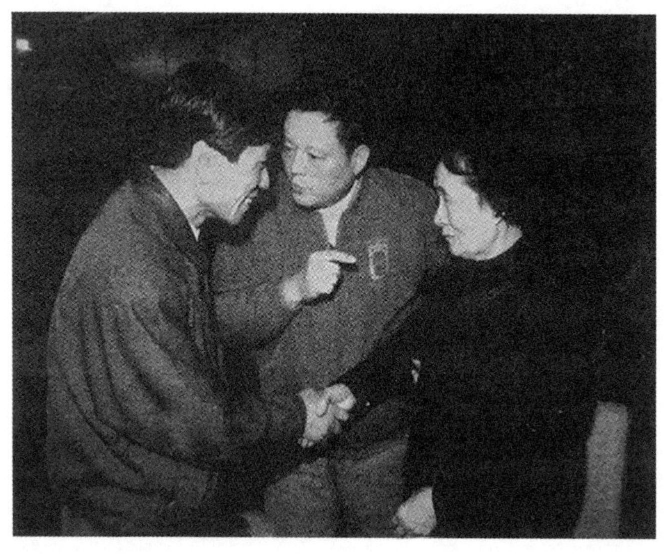

20 世纪 90 年代初，在一次知名人士和全国政协委员遗孀春节团拜会上，本文作者汪东林（中）向新任全国政协副秘书长陈进玉（左）介绍李淑贤女士

年 1 月首次出版发行。在 1966 年“文革”之前，此书就印刷了几十次，发行量过百万。“文革”后又由几家出版社出版发行，直至 2019 年 11 月还出了新版，而且还翻译出版了外文版。因此这本书不但在内地（大陆）、港澳台地区，而且在海外华人和外国人中，都产生了广泛而持久的影响。

溥仪于 1967 年病逝，年仅 61 岁。20 世纪 80 年代初，组织上为溥仪补开追悼会，他的骨灰被安放在八宝山。政协机关还多年照顾溥仪的遗孀李淑贤女士的生活，直到她因病离世。

2021 年 1 月

人物

回忆和父亲吴石走过的岁月

吴韶成*

父亲吴石虽然牺牲多年了，但我对他的音容依然难以释怀。父亲戎马一生，未给子女留下寸土片瓦，但其为人、品德、修养、学识，则是我终生享受不尽的财富。谨以片段回忆，寄托对父亲的无限怀念和哀思。

留日学成归国

1934年夏，父亲从日本陆军大学学成归国，举家乘苏联邮轮回到上海。航程近五昼夜，中间有两天风浪特大，母亲和大哥、小妹晕船，躺在床上不想动，唯独父亲带着我这个小男孩上了甲板，远眺太平洋风光。父亲深情地对我说："你看，天有多大，海有多宽！风浪不停地拍打着，多么伟大！"我听后也跟着喊："真好看！真好看！"其实那时我什么也不懂。

船靠岸后，亲友们熙熙攘攘来接我们，安排我们住进旅馆，并于当晚摆了一席上海菜为我们全家接风。大人们喝酒，畅谈阔别之情；我们这

---

* 吴韶成，吴石长子。曾任河南省冶金建材厅总经济师，河南省人大代表。吴石（1894—1950），生于福建闽侯。中共秘密派遣干部。抗战期间曾任第四战区参谋长、军政部主任参谋兼部长等职。1949年6月去台后，任"国防部参谋次长"。1950年6月10日，在台北就义。1973年，被追认为革命烈士。

几个小孩大口大口吃菜。有位阿姨给我盛了一碗鸭汤，鸭汤的味道好极了，只是太油腻，吃后不久就感到胃难受，呕吐不止。因为在日本，我们每天都像日本人那样，吃的是粗茶淡饭，也就是酱汤、腌萝卜干和一小碗米饭，很少吃这么油的东西，所以我的小胃实在享用不了。直到今天，我仍不敢再沾鸭肉。

吴石将军

从小母亲就溺爱我，还给我取个“弟弟”的小名，全家都这么叫，亲友也这么叫，这小名一直用到我长大成人。每天一大早，刘斐伯伯（字为章，湖南醴陵人，曾任国民政府国防部参谋次长、军令部厅长、军政部次长；新中国成立后，曾任全国政协副主席、民革中央副主席）就到我们家门口喊“弟弟，弟弟”，我就跑出来，刘伯伯逗我玩……不一会儿，父亲就出来了，提着包和刘伯伯一道送我上学。

当时家里还寄居着何蕴申伯伯（字敦诚），他是父亲的老师何梅生（何振岱）先生的第四子，在日本学法政。父亲要我拜他为师认汉字。小时候我调皮好玩，不认真学。有一天，我实在太过分，把何伯伯气哭了。晚上吃饭，母亲开玩笑，笑眯眯地说：“今天真好玩，学生没哭，老师倒先哭了！”父亲一听，当时就火冒三丈，呵斥母亲怎能对老师这么不尊重，不能这样惯孩子。接着，他又给我讲了一遍尊师之道。这件事我一辈子也忘不了。

父亲在日本先入炮兵学校学习，后入日本陆军大学学习，均以优异成绩卒业，成为熟悉日本的军事专家。他收集的各类兵书及机密资料刊物，同行李加在一起共 56 大箱，都由母亲亲自收拾，一一登记造册。母亲比父亲小 10 岁，曾在福州女高上过学，十分勤劳贤惠，为抚养教育儿女劳累一生。特别是战乱时期，父亲不能顾家，全靠她一人带着我们奔波。

父亲在日本学习期间，广交朋友，除国内去的同学、同乡外，也有不少日本朋友。我还记得有位日本医生叫大野，经常给我们看病。他到我们家吃了一顿母亲亲手做的中国菜，赞不绝口，一再邀母亲到他家教他夫人做中国菜，所以两家不时来往。回国之时，他洒泪相送，还把最珍贵的传家宝——日本宝刀送给父亲留作纪念。

父亲的言传身教

1934 年夏，我们全家回到南京，在五台山村租了房子。房子一共三层，我们住二、三层。一层住的是一对老夫妻，看起来十分穷困潦倒，他们用两个铁皮箱拼成一张床，上面铺着俄国毛毯。父亲说，他们是白俄[①]，多半是沙皇时期的贵族，无法在国内生存，流亡到中国。这样的人到处都有，十分可怜。他让母亲有时间顺便买些香肠之类的食品给他们送去。那年夏天，南京酷热难当，家里买了大块大块的冰放在房间里防暑降温。一天中午，温度高达 40 多度，白俄老太太受不了，竟热死在房间里。母亲每天都心惊胆战，赶紧另找房子。最后租了一套三层独立洋楼，离玄武湖很近，叫百子亭。父亲在参谋本部任职，兼陆军大学教官。我被安排进南京鼓楼小学念书。之后的两年多时间，我们家的生活过得十分安宁、和谐。这段时间是我们过得最幸福的日子。

父亲喜欢书法，常常一早起来就练书法。这是他在军校时期就养成的习惯，数十年如一日，从不间断。我有时在旁边替父亲研墨，看他写字。父亲告诉我，练字要全神贯注，要先学柳体，这是小学生打基础必经之路，并给了我一本柳公权书《玄秘塔碑》让我练。父亲还为我写了几张正

① 指滞留在华的俄国人。

楷让我临着练。直到现在，我的字体还有几分父亲书法的影子。

父亲高兴时还教我读书。他拿着一本《孟子》，用福州话高声朗诵。父亲念一句，我跟着念一句，一遍又一遍念。他告诫我，为人之道不能只讲利，首先要讲仁义。他不仅教子如此，而且确实一生身体力行。

秋天天凉，父亲把何梅生老师接到百子亭家中住了近两个月，直到入冬才送回福州。这两个月，何先生的饮食起居，父亲让母亲尽量照顾周全些。他下班回来便和老人谈诗论词，很是兴奋。母亲也拜老人为师，学画兰画竹。遗憾的是，当时我年幼贪玩，不懂得学习，所以到现在仍是个诗盲。

为敬奉列祖列宗，记得在回南京的第一个春节，父亲亲自写了“吴氏本门历代宗亲”几个字贴在墙上，桌上摆了一些果品、菜肴及黄酒。父母亲先在案前三鞠躬，又让我们兄妹几个依次鞠躬，告诫我们不能忘了列祖列宗，要牢记父母养育之恩。后来由于战乱再也没有办过。

我祖父吴国琬，1885 年在侯官乡试考取举人，又曾千里迢迢赴京赶考，只因满口“福州腔”被拒之门外，从此布衣终其一生。父亲十分孝顺，即使在军校期间，也要从微薄的津贴中挤出几元钱寄回家，同时在问安信中附上近期作文和邮票，请祖父批改寄回，还将所有回信都郑重妥存并粘贴成册。他告诉我们，这是我家传家宝，家风不可丢，要世代传下去。可惜这些东西，连同书籍、相册等，都因战乱全部丢失。

漂泊不定的生活

父亲差不多每个星期日都要带全家出去游山玩水，呼吸新鲜空气。除了中山门外常去的几个景点，如明孝陵、中山陵、音乐台等，印象比较深的是在燕子矶俯览万丈下的长江滚滚东流水，在栖霞山看红叶，在镇江吃老和尚做的鲥鱼，在采石矶远眺长江帆船点点，在杭州西湖看秦桧夫妻跪像等。当然，我们家离玄武湖近，傍晚去玄武湖划船更是一大乐事。

有时父亲也带我们到好友家做客。常去的有住普陀路的何叙甫伯伯家和住傅厚岗的陈焯（字空如）伯伯家。当我第一次看到何伯伯在画室用手指蘸墨眉飞色舞地画中国画时，感到很新奇。陈伯伯、陈伯母看到我们十分高兴，常连声叫我小名“弟弟”，还要收我为义子。后来战端一起，也顾不了这些，此事也就不了了之了。

到 1937 年上半年，华北局势已相当紧张，但为掩人耳目，当局仍高唱中日亲善。当时我已是鼓楼小学三年级学生，级任老师是俞思聪。一天中午课后下大雨，我没带伞，俞老师留我在食堂吃鸡蛋炒饭，真香，比在家吃饭香多了！我一辈子也忘不了那碗蛋炒饭。俞老师叫我们班同学与日本小学生联欢。八辆敞篷小轿车载着几十个穿海军式校服的日本小学生来到校门口，他们被迎进校园，唱唱跳跳，闹腾了整整半天。当天下午，俞老师在黑板上画了一张画着铁路线的地图，让我们抄下拿回去填写地名。我猜不透，就回去问父亲。父亲十分耐心地给我解释，铁路从哈尔滨、长春、沈阳到大连旅顺。1931 年九一八事变后，日军占领了我国东三省，东北百姓正处于水深火热之中，我们一定要收复失地。

七七卢沟桥事变爆发后，我的幸福和平的童年生活也就此结束了。为了躲避日机轰炸，父亲让我们先到上海住一段时间。岂知到了上海，八一三淞沪抗战突然爆发，我们只得迁居租界永安公司楼上的大东旅馆。一天中午，两声巨响之后，楼下大厅玻璃被炸得粉碎，满地是血，是日军在上海大世界丢了两颗重磅炸弹造成的，死伤 2000 人。这是我第一次听到炸弹声。吴淞前线中国军队英勇作战的事迹不断传来。一天半夜，父亲突然从吴淞前线视察回来，在旅馆住了一晚上。他说前线战士十分英勇，前仆后继，尸骨堆积如山，十分壮烈。父亲说的这些，给我幼小的心灵极大震撼。

上海待不下去，母亲带我们又回南京。列车满载难民，8 个多小时才到南京，我们又回到了百子亭的家。突然，警报响起，我们一起躲进院子

吴石夫人王碧奎与子女合影（前中为吴韶成）

里挖好的防空洞。防空洞是父亲在我们住上海期间让人在家挖的。防空洞上面的隔板用几根木柱撑着，上面盖着浮土，洞口挂张毯子。炸弹一声声震耳，我的两只小眼睛紧盯着眼前的木柱，生怕这木柱撑不住垮下来把我们埋了。父亲每天照常上班，我们在家过了几天担惊受怕的日子后，父亲说：“不行，你们走吧！”就亲自送我们到镇江坐船（怕轰炸，轮船不敢靠南京码头），母亲带着我们四个孩子坐上去宜昌的轮船。两个月后又从宜昌转赴重庆。轮船走了三天三夜，到达重庆朝天门码头。同船的一位川军团长，腿受伤不能走，他给我们讲战斗故事和沿途风光。

上海、南京相继失守，蒋介石组织军委会大本营转移武汉，父亲继续主持对日情报工作（后改军令部二厅）。1992年11月5日，我在广东迎宾馆（广州）见到何世庸大哥（何叙甫伯伯的长子，曾任广东省石化厅厅长），谈起他们在武汉时的情景。何大哥告诉我，1937年五六月间，中共代表团来南京，经张冲和何伯伯介绍，我父亲和周恩来、叶剑英、李克农、博古等见面，席间相谈甚欢。叶剑英很器重熟悉日本军事的父亲。1938年，二厅在武昌珞珈山主办战地情报参谋训练班，由我父亲主持，他特邀周恩来和叶剑英讲课。何世庸曾以国民革命军第二十集团军上尉联络参谋的身份参加训练班，聆听了周恩来作的形势报告、叶剑英关于游击战的大课。我父亲就有关情报通讯问题作了讲话。武汉撤退后，父亲请辞军令部职务，转赴桂林行营。

母亲带领我们兄妹四人来到重庆后，为避日机轰炸，经友人介绍，在南岸一座德侨别墅租了两间房住了下来。房间在别墅顶层，除了两间房外，三边由阳台围着，很是宽敞。在阳台上可以俯瞰长江美景，一艘船篷刷着米字旗图案的英国军舰停泊在长江边。

经过几年的折腾，我家总算安定下来。我从小学三年级连跳三级，进入重庆东方中学念初中一年级。学校在海棠溪，每天上学要走山路，来回至少两个半小时，遇到下雨道路泥泞，用的时间更长，所以两腿锻炼得十分结实。父亲去桂林就职前，先到重庆来看望我们。当他看到我们一切安顿妥当，也就放心了，两天后就飞赴桂林。

重庆，当时人称雾都，每天早晨起来，大雾弥漫，10 点以后渐渐散去。日机不时来袭，火光冲天，但我们在南岸从未挨炸，心里不紧张。

到了 1939 年末，父亲来信要我们适时南迁广西。为了乘飞机方便，过了年母亲又带着我们兄妹四人搬回对岸重庆市内小梁子的一家旅馆住下，预备订机票。但一周后，突然从我开始，兄妹都染上了猩红热，高烧不止，实难成行，一耽搁就是一个月。日机轰炸日甚一日，到处是断壁残垣，实在太吓人，母亲下决心一定走。我兄妹拖着患病之躯到了白市驿机场，怕机场人员发现，不让传染病人登机，我们还要勉力装着无病的样子，这才搭上了欧亚航空公司的班机，安抵桂林机场。父亲来接，全家又一次团圆。听说第二天我们所住旅馆和那条大街遭遇轰炸，夷为平地。我们全家侥幸逃过一劫。

在桂林，我们全家住桂东路城门口一套三进平房。第一进是门面房，第二进房东住，我们住在第三进，中间是厅，东西各两间房，很清静。出城门，过漓江大桥有个寺庙，已改为逸仙中学，我插班进初二。导师黄昞晖，是从香港来的文化人。他在课堂上既讲战争形势，也讲游澳门的经历，思想活跃。那时，一旦桂林市内的最高峰独秀峰挂上大灯笼，那就是要发生空袭，老师立即组织全班同学去七星岩“躲防空”。我们在桂东路共住了半年，一次轰炸房屋被毁，只得搬到环湖路另租住房，所幸全家平安。

在环湖路，我第一次见到陈嘉庚先生，父亲热情接待了这位闽籍侨胞，称赞他为抗日救国所作的贡献。老乡见老乡，倍感亲切。

在逸仙中学读了两个学期，父亲支持我转入李宗仁夫人郭德洁创办的桂林德智中学，入高中一年级。学校新建于桂林西郊甲山村，风景秀丽，软硬件均佳，实行全封闭军事化管理。教师多为太平洋战争后从香港转入桂林的文化精英，图书馆藏书也十分丰富。班导师李德亮讲课很幽默，同学都愿意到他宿舍去聊天。记得一次他在课堂讲“公民课”，针对课本反其道而言，痛批马尔萨斯理论——人口以几何级数增长，而粮食则以算术级数增长，因此战争不可避免，诸如此类。在他的教导下，我们受益匪浅。学校在战火中培养了不少人才。仅举我所认识的三位好朋友：俞兆海（后名俞渤），他在解放战争中驾机起义。其父俞星槎和我父亲是同事，任过桂林行营副参谋长，1940 年赴重庆参加会议遭遇日机轰炸，车覆人亡。父亲很悲痛，挥泪写了长长的挽联吊唁他。陈德建，是班上我最要好的朋友，酷爱鲁迅的作品，一口气把《鲁迅全集》读了一遍。我离开德智后，他去了东江纵队，改名陈迅之。新中国成立后，他曾任广东省文化局副局长。还有一位女同学叫何静宜，是何叙甫伯伯的千金，后改名何嘉，她在香港时曾为我父亲带路去见中共有关负责人。李德亮老师在新中国成立后改名为李嘉人，当过中山大学校长、广东省副省长，直到李老师去世前我们还有书信往来，我很怀念他。

侠肝义胆赤子情

父亲在桂林，除了军务还热心公益事业。他组织福建旅桂同乡会，通过军训部长白崇禧的关系，特去福建招募 3000 名闽人子弟入军校参加抗日。他创建黄花岗纪念学校，延聘福州名士林素园先生当校长教育闽籍子弟。父亲说："闽人多志士，黄花岗七十二烈士，一半是闽人。"

父亲还支持日本友人鹿地亘先生在桂林创办在华日本人民反战同盟西南支部，指派部属林长墉上校（林则徐玄孙，留日军官）具体协助。日俘自编自演的话剧在后方城市演出，轰动一时。在昆仑关战役中，鹿地亘组织日本反战小组在前线喊话，效果很好。

关于桂林军务，父亲只有寥寥数语的自我描述："桂南会战时余方病，力疾从事，数夕不交睫，痛苦不可名状。长沙第三次会战计划，余亦参与其事，实负起草之责。昆仑关之役，亦因余之指导而告大捷，杜光亭[①]即以此一战成名。"

桂柳会战结束，桂林行营撤销，父亲调任第四战区参谋长，家也从桂林迁到柳州。但我们兄妹仍留在桂林上学，寒暑假才回柳州。战区长官部设在原兵工厂旧址，四周环山，风景宜人。我们家就安在厂内山边一座平房内。父亲很敬业，室内挂满军用地图，作战计划都亲自草拟。每天清晨，他都骑着高头大马到郊外驰骋练武，为官兵做表率。回来后冲个澡，接着练书法。一天，对面山洞突发烟雾，我们兄妹放假和母亲都在家，当时也没在意。恰巧头一天三叔（吴同文，字浩然）从甘肃来柳州，住家里，他说："情况不对！在甘肃我也经历过，马上要出事，赶快躲一躲。"我们全家和三叔立即坐上车开到乐群社（离家约两公里的招待所）。车刚进门就听到一声巨响，军火库爆炸了，整个山被削去一半。当时父亲和张发奎等正在开会，听到巨响，张发奎大叫说："这一下你家全完了！"父亲泰然说道："他们已经避开了！"我家门口一个卫兵被巨石击中头部不幸身亡，全家侥幸又躲过一劫。

我在德智念完高中一年，放暑假回到柳州家中。同班同学、挚友陈德

① 即杜聿明，字光亭，昆仑关战役时任国民革命军陆军第五军军长。

建也随我到柳州玩。他一再动员我一块儿到延安去。我舍不得离开家，母亲溺爱我更不同意我去，但友情难却。正当我举棋不定时，林薰南夫人林伯母从韶关来，准备回贵州遵义（林伯母是医生，在南京时我患白喉经林伯母抢救得以生还；林伯伯是父亲日本陆大的同学，在韶关任战区参谋长）。林伯母在柳州住了一星期，一直向我和父母宣传贵州湄潭山清水秀，是小江南，是读书的好地方。浙江大学校长竺可桢在湄潭创办了浙大附中，聘请精英办学，是大后方最好的中学之一，让我莫失良机，好好在那儿读两年书，不要胡思乱想。我听了她的话，到德智办了退学手续，父亲派副官送我到金城江（当时湘桂路西面只通到金城江）。之后，我独自一人坐上了木炭长途汽车，从金城江一步一步往上爬，经贵阳、遵义到湄潭，插班入浙大附中高中二年级。我终于离开了家，走上独立求学之路。三年间（其中一年因病休学），无论汉语、英文还是数理，都打下了坚实的基础。

1944 年夏，日军大举犯湘，长驱入桂，西逃难民涌入柳州火车站。父亲为纾民困，擅自下令让柳州车站司令游飞（父亲保定同学），在军列中加挂车厢疏散难民。据何康（新中国成立后曾任农业部部长）回忆，当时他和广西农大一批大学生就是乘此加挂车厢逃离险境。父亲对桂柳战役曾作如下描述："敌挟其八师团兵力，欲一举打通其南洋路线，我方兵力不足，请求增兵之电在二十以上，迄未邀准……兵力既成劣势，态势又复险恶，再感觉命令不能全盘调和，在此严重情况下，其不为所歼灭者几希！"父亲虽曾极力协助张发奎指挥，并曾亲临怀远前线拒敌前进，相持七日，歼敌不少，但回天无术，在六寨又惨遭盟军误炸，幸免于难。父亲记道："余眷于柳州退出时，虽已先行，交通工具极度困难，饱受流离之苦，余生平珍贵之书籍，沿途中散失无遗，爱子复殇其一（幼弟吴竟成患肺炎，因缺医少药而逝，葬于贵阳西郊）。余抵筑后与家人凄然相对，忧劳感伤，竟罹大病一场。"

1945 年 4 月，父亲辞去第四战区的职务，到重庆任军政部主任参事。他卸下重担后，就有时间与诸多友好闲游山川，吟诗作赋。1946 年 1 月，父亲同何遂、陈孝威冒雨登上重庆北碚缙云山，留诗画合璧于缙云寺汉藏教理院。诗曰：“旧境重寻叹独勤，任他春已尽三分；笋舆十里松阴路，细雨斜风上缙云！”父亲也曾带我们到重庆南温泉拜访日本知交鹿地亘先生一家，母亲和鹿地夫人也是好朋友，两家相聚整整玩了一天。那种轻松愉快、自由自在、有歌有舞的诚挚气氛和开怀畅饮的场面，在我年轻心灵中留下了不可磨灭的印象。1950 年父亲遇害后，我还在上海报纸上读到鹿地亘与日共领导人的谈话，回忆抗战胜利后父亲访日与他谈心的情景，深为父亲的去世而哀痛。

1945 年 8 月 15 日，日本宣布无条件投降，抗战终于取得了最后胜利，举国上下无不欢声雷动。当人们正期待民族振兴、国家富强之时，内战阴影已逐渐笼罩中华大地。我们全家陆续回到久别的南京，租居于湖北路翠琅村一号，与父亲的挚友胡雄（时任江宁要塞司令）为邻。国民政府国防部改组，父亲任史料局（后名为史政局）局长，负责修战史，拟脱离内战干系。父亲在其《自传》中曾自我检讨说：“余性忠厚，待人以诚，一生成败皆系于此。以能尽力为人助，故能得生死患难之交。以待人诚笃，故或见款于小人，颇受其累！”回到南京以后，家中依然亲朋不断，父亲在客厅边通廊围一小客房，甚是简陋。但路过南京的同乡同窗，宁可不住旅店，也要在我家小住几天。如王冷斋伯伯（七七事变时的宛平县县长）、陈长捷伯伯（同里同窗，傅作义旧部，天津战役被俘，后特赦）、李黎洲伯伯（福州名士）、施泰桢伯伯（同乡同学，上海巨商）、吴仲禧伯伯（同乡同学），等等。吴仲禧伯伯因被诬告遭扣押，父亲愤而去找监察局局长讲理，并亲自派车接到家里住下。父亲不仅对友以诚，对晚辈也十分关爱。我的高中同学好友罗伯鹏，是个孤儿，毕业后无家可归，深得我父母的帮助，和我一道从贵州回到南京家中，和我同吃、同住、同游、同考大学，直到他北大物理系研究生毕业，当国防科技大学教授。浙江大学农学院贝时璋教授的助手陈柏林，也是我在湄潭浙大附中读书时的好友，被诬“共党嫌疑”，扣押于贵阳监狱。父亲不顾一切连电贵州省主席杨森，请求保释，方免于难。父亲自谓，此生救人危难之事不知凡几。

抗战胜利，内战爆发，接收官员巧取豪夺，贪污腐化泛滥成灾；滥发金圆券，通货膨胀，物价飞涨，民不聊生。父亲以爱国爱民赤子之心，极感焦虑，在家与挚友交谈，不断喟叹：“国民党不亡是无天理！”他对蒋政权似已彻底绝望。李以劻（原国民党将领）在回忆文章中，对蒋介石通过亲信个别谈话调查下属的情景，有如下片段表述：

> 蒋问：福州绥署副主任吴石由国防部史料局长调回福建以来，据报有厌战言论，曾多次向人说国民党不亡是无天理，你听他讲过这些话吗？他在陆军大学任教时，你在陆大肄业，听过他的课吗？你可谈谈他的情况。
>
> 李答：我 1940 年考陆大时，吴已调任第四战区参谋长，没有听过他的课。1942 年陆大毕业回九战区见过几次面，他是从战略上来谈战乱问题，长期打下去会把我们拖败……今年 5 月底他来福州，邀我到温泉路家中吃饭，说福州易攻难守，福建是山岳地便于打游击，从三年国共战争来看，今日之国民党无可战之将，也无可战之兵，他这个绥署副主任心有余而力不足，同样也是饭桶。当今之计，从政略、战略、战术、战斗的诸方面看，一线之望可以持久者是守岛屿，因共方无战船不能水战。

虽长期在外，父亲仍关怀桑梓，始终情系家乡父老。1948 年 6 月，福州地区遭遇大洪水，10 万灾民无家可归。父亲邀在南京供职闽籍友人商讨急救之策。除请求中央拨粮外，还发动捐资赈灾。他自捐一月薪资，并派专人赴沪找挚友施泰桢捐 1 万元，购置粮食衣被等，用轮船运至福州济急。1948 年底，父亲奉调回福州供职，他十分高兴，觉得可以为家乡做点事了。当时福州已处在战争前沿，为了保护市民，他设法尽力阻止在福州周围建半永久性工事。他私下曾对部属亲信吴思敏说："福州千年古城如遭破坏，将无颜面对家乡父老!"1949 年 8 月 17 日福州宣告解放，由于各方配合，历史名城完整无损，市民平安。另外，父亲在离开福州前夕交代部属，妥存史料局保管的军事绝密档案 298 箱，其中有价值连城的"末次资料"，计 775 辑。

和父亲相处的最后日子

1949 年 2 月，父亲初到福州，当时正值蒋介石下野，李宗仁代总统和中共和谈。一天，父亲突然接到李宗仁电召他回南京并拟调任总统府参军长之职。正好学校即将开学，我跟父亲一道坐飞机回到南京中央大学报到，父亲则住在太平路安乐酒店。4 月 1 日，南京学生举行大游行，卫戍总司令张耀明下令开枪，发生惨案。第二天，我和几位老同学去酒店看望父亲时谈起此事。父亲对同学深表同情，说："日子不会太久了。"同时他还告诉我："李宗仁下不了决心，他不接受中共八项条件，我在南京没什么事好做了，明天就回上海。"他给我留下身上仅有的 20 元美钞。这是我和父亲的最后一次见面。

4 月 20 日，父亲从上海打来长途电话，一再要我回上海暂避，他怕"子弹不认人"。我说："几千个同学都留校应变，请父亲放心。"他说我来上海，可以转香港，也可以转北平念书。我仍坚持以不变应万变，迎接解放。我大哥美成于 1946 年夏从武汉大学放假乘东亚轮沿长江东下回南京，不幸轮船失事沉没，连尸体也没有找到。因此，父亲对我的担心是可以理解的。真是可怜天下父母心啊！ 4 月 22 日下午，解放军开始攻城，父亲又让江宁要塞司令胡雄在撤退时开吉普车拐到学校找我，要我立即随车东撤。我一再感谢胡伯伯在如此紧急关头还关心我，但还是婉拒了他。从此我们一家骨肉分离各奔东西。第二天，“解放区的天是明朗的天……”的歌声响彻南京全城！4月24日，也就是南京解放的第二天，我去位于中山北路的原国民党海军部拜访了林遵伯伯（他在南京解放前夕率领国民党海军第二舰队起义）。林伯伯是父亲的挚友旧交，常来我家与父亲闭门谈事。由于形势还比较紧张，我在林伯伯那吃了午饭就匆匆告辞了。

1949年，吴石夫妇与幼子健成在台北

福州解放前夕，父亲受命与母亲、小妹学成、小弟健成飞台后，两岸隔绝，再无音信。1965年，我走访在北京白塔寺寓所的何遂伯伯。老人谈起1949年底逃离台北的情景时声泪俱下。当时台湾风声已经很紧，情况很不好，父亲一再催促他赶快离开虎口，以防不测。父亲对他说：“我不要紧，有国防部参谋次长这块牌子掩护，你快走！”就这样，父亲替他买了去香港的飞机票，第二天亲自开车把他送到飞机场，直至上了飞机才离开。老人说：“你父亲和我40年之交，情同骨肉，非同一般。他关心我胜过关心自己，不意从此竟成永别！”

父亲丹心永存

1950 年 6 月 10 日，父亲在台北牺牲。两个月后，母亲被释放。她和 16 岁的小妹学成遵从父亲嘱托，含辛茹苦抚养年仅 6 岁的小弟健成。健成从幼稚园、小学、中学直至大学，最后考取赴美研究生，依靠自己的奋斗，取得化学硕士学位。直到 1980 年 5 月，他才有条件把母亲接到美国洛杉矶定居。

我和留在大陆的大妹妹兰成，大学毕业后接受统一分配，一个到东北，一个到边疆工作。“文化大革命”中在不得已的情况下，我于 1972 年向中央申诉。幸得周恩来、叶剑英等领导直接干预，有关部门特派专人来河南说明情况。1973 年 11 月 15 日，由河南省革命委员会以函件形式“追认吴石将军为革命烈士”，并发给抚恤金 650 元人民币。我们以党费名义全部上交。

1982 年，我和兰成得以赴美探望老母亲，学成也从台北同时赶到。全家历经 32 年磨难，终于在异国他乡团聚。母亲取出父亲在狱中写在画册背面的遗书。遗书概述生平抱负，对亲人的眷恋，对友人的感恩，交代对遗作存书的处置等，最后犹不忘记对儿女谆谆告诫，曰:“余素不事资产，生活亦俭朴，手边有钱均以购书与援助戚友……所望儿辈体会余一生清廉，应知自立为善人。谨守吾家清廉勤俭家风则吾意足矣!”结尾赋诗曰:

天意茫茫未可窥，悠悠世事更难知。
平生殚力唯忠善，如此收场亦太悲。
五十七年一梦中，声名志业总成空。
凭将一掬丹心在，泉下差堪对我翁。

吴石丹心永存，无愧于中华民族，无愧于家乡父老，无愧于列祖列宗！

1991 年 12 月 10 日，负责国家安全工作的罗青长同志，在北京西郊燕山饭店亲切接见我和兰成，在座的还有何康和谢筱迺（原社会部派往福州的情报小组负责人）。罗青长说：我们对你们父亲的事一直念念不忘，我当时是当事人之一。1972 年，接到你在“文化大革命”期间蒙受不白之冤的申诉报告，周总理、叶帅都亲自过目并作了批示，派人去河南专门处理此事，落实政策，确实是很不容易的。总理弥留之际，还不忘这些旧友，专门找我作过交代，你们的父亲为了人民解放事业和祖国统一，作过很大贡献，这有利于加速军事进程，避免重大伤亡，最终他献出生命，我们是不会忘记的。

1992 年，小妹学成偕妹夫夏金辰来郑州，捧回了父亲的遗骸。在我家中供奉近三年，每年父亲生日都焚香拜祭。1994 年 4 月 22 日，小弟健成从美国捧回母亲遗骸。我们在北京西郊福田公墓举行了隆重的父母合葬仪式，来自海内外亲属好友百余人参加。谢筱迺叔叔说：“你父亲为人忠厚、亲切、热诚，而且学识渊博，对我这个当年只有 20 来岁的年轻人十分体贴。每星期我都到温泉路你家一次，有时候还在那吃饭。你母亲也很和气。办完事，你父亲每次都亲自送我到巷口，还一再关照，万一出事要及时设法通知好营救。在他的周密安排下，福州没打什么仗就解放了。你父亲在福州解放前夕飞往台湾，我们曾相约在台湾相会，后因我另有任务未能履约。”

何康在仪式上回忆往事，唏嘘不已。他说：“吴伯伯爱国爱民，渴望中国有一个光明前途。不满国民党的贪污腐化，蔑视降日将领，曾表示绝不直接参与内战指挥，不为蒋介石出一谋一策。他反对内战，致力于全国解放和祖国统一大业，功垂千秋。他博学多才，廉洁奉公，忠厚待人，爱憎分明，两袖清风，在那个时代实在是难能可贵，这是我们亲自看到和亲

吴石夫妇墓碑

自受到教育的。”

公墓墓碑上刻着“吴石将军　王碧奎夫人之墓”，碑文经罗青长同志审定，由父亲生前秘书郑葆生题写。碑文全文如下：

吴石，字虞薰，号湛然。一八九四年生于福建闽侯螺洲。早年参加北伐学生军。和议告成乃从入伍生，而预备学校，而保定军校，嗣更留学日本炮兵学校与陆军大学。才学渊博，文武兼通，任事忠慎勤清，爱国爱民，两袖清风，慈善助人。抗战期间运筹帷幄，卓著功勋。胜利后反对内战，致力全国解放及统一大业，功垂千秋。台“国防部参谋次长”任内，于一九五零（〇）年六月十日被害于台北，时年五十七岁。临刑遗书儿辈，谨守清廉勤俭家风，树立民族正气，大义凛然。一九七五年①，人民政府追赠革命烈士。夫人王碧奎，一九九三年二月九日逝于美国，享年九十岁，同葬于此。

忆昔抚今，百感交集，思绪万千，不禁潸然泪下。亲爱的父亲、母亲，安息吧！

（河南省政协　供稿）

① 碑文此处时间有误。

人物

原红军总卫生部政委周光坦的军队卫生工作经历

宫步坦 *

我的外公周光坦，1900 年 12 月出生于湖北黄安县（今红安县）。1927 年参加黄麻起义，时任工会纠察队小队长。1928 年加入中国共产党，后任黄安县总工会组织委员。1930 年调任中国工农红军第三十八团政委，后调任红十一师政治部主任，1932 年随红四方面军反“围剿”突围，西征入川。红军建立川陕革命根据地后，周光坦调任中共川陕省委书记，后调任红四方面军总医院院长兼政委。在红一、红四方面军会师后，任红军总卫生部政委。红军长征抵达保安县（今志丹县）后进入红大学习。抗日战争时期，历任八路军一二九师军法处处长、一二九师卫生部政委、第十八集团军卫生部政委等职。解放战争时期，历任太行军区政治部副主任、主任，中原临时人民政府民政部副部长等职。新中国成立后，历任最高人民检察署中南分署副检察长（主持工作）、湖北省人民检察院检察长、湖北省政协常委等职。1966 年在武汉逝世。

2012 年笔者整理外公遗照时，发现数张他在八路军一二九师卫生部等革命时期的照片。经查阅相关资料，整理出土地革命战争和抗日战争期间周光坦从事我军卫生工作的经历。

* 宫步坦，周光坦之外孙，武汉市政协委员，湖北省人大法制委员会委员，湖北经济学院产业教授。

红四方面军总医院院长兼政委

1932 年 12 月下旬，红四方面军抵达通江县后，根据形势发展和战事需要，决定以红十师医院为基础，再从红十一师医院、红七十三师医院各调一部分医务人员，成立西北革命军事委员会总医院（红四方面军总医院）。总医院随战事多次在通江县内辗转迁徙，1934 年 2 月，总医院转移至沙溪的王坪，直至方面军撤离通江。

1933 年，周光坦调任中共川陕省委书记，与时任川陕省委组织部部长傅钟、川陕省委宣传部部长刘瑞龙等同志共事。[①] 根据刘瑞龙在《川陕革命根据地的若干历史情况》中对川陕省委工作的回忆，为了支援革命战争和发展生产，在川陕革命根据地内修筑道路、桥梁、疏浚河床，改善交通条件，建设工农银行，发行统一的苏维埃货币，实行对工农的低利和无息贷款，扶助合作社的发展；开垦荒地，饲养牲畜，培植森林，发展手工业，经营耳山、盐井、铁厂、锅厂、纸厂、布厂、缝衣工厂，合理征收公粮，实行统一的累进税，发展苏区经济。

之后，周光坦由川陕省委调任红四方面军总医院院长，后兼任总医院政委。总医院直属红四方面军总部，编制相当于正军级。由于川陕苏区处于敌人的重重包围之中，难以建立完整的医卫体系和稳定的医疗机构，因此，总医院既要领导方面军的医疗卫生工作，又要兼管全军医疗机构的行政事务，是一个集医、政、军于一体的机构。[②] 总医院院长领导全面工作。总医院管理委员会是红四方面军医务系统的最高行政机构，由 7 人组成。

---

① 四川博物院主编:《西行壮歌——川陕革命根据地斗争史》，四川教育出版社 2011 年 6 月版，第 75—76 页。

② 李瑞明、赵德荣:《红四方面军总医院》，载中国工农红军第四方面军战史编辑委员会《中国工农红军第四方面军战史资料选编 · 川陕时期 · 下》，解放军出版社 1993 年 4 月版，第 525 页。

委员会主席是周光坦，秘书长是汪荣先，其余委员为张琴秋、苏井观、周吉安、丁世芳、陈银山；常务委员为周光坦、张琴秋、周吉安。[①]

总医院设政治部、医务部、总务处三大部门，下辖七个分医院及各军医院、师医院、团卫生所。三大部门各下设若干科、股、室、校等。医务部主要负责军队的医疗业务工作，指导下辖医院的业务工作，普及医药卫生知识，培养医护人员。其下设的医护人员培训学校（俗称“红色卫生学校”），学员最多时达400多人，一边学习一边看护照顾伤员。总务处负责总医院的一切后勤工作以及各分医院、各军医院的医药器械保障等。张琴秋时任总医院政治部主任，周吉安任医务部主任，丁世芳任中医部主任，苏井观任卫生学校校长。[②]

根据多位曾在红四方面军总医院工作过的老红军回忆，周光坦特别尊重随军医生（当时被称作“医官”）。[③]周光坦在参加革命之前是篾匠，从未受过正规教育，入伍后一点一滴学文化，对知识分子一直很尊重。周光坦一生中受过两次重伤，有一次是早年在战场上被敌军子弹射穿后脑，因救治及时才捡回一条命，他深知军队医务工作的重要性。在王坪总医院工作时，周光坦一直坚持把条件相对好的住房安排给经常做外科手术的医官们居住，并为医官们单独开灶，保证就餐营养。

总医院医务部下设中医部、西医部等部门，采用中医、西医两法治疗，尽最大可能救治伤病员。西医部需要大量的西药和医疗器械，但当时西医西药在中国应用历史不久，药品及医疗器械基本依赖进口，总医院地处偏僻且经济落后，敌人又严密封锁，所需药品只能靠前方缴获或由白区

① 中共通江县委党史工作委员会编修：《通江苏维埃志》，四川省社会科学院出版社1988年10月版，第438—439页。

② 参见《红四方面军主要卫生干部姓名表（1929—1937）》，载后勤历史资料研究室编《第二次国内革命战争时期后勤历史资料汇编·卫生工作类（合编）·第五册·红四方面军部分（1928—1937）》，1965年6月，第54—56页。

③ 周治陶、周汉生：《回忆周光坦资料汇编·川陕时期》，2012年。

2013 年 10 月，时年 97 岁的红军女战士、鄂豫皖革命根据地和红四方面军的主要创始人之一郑位三的夫人蒲云，辗转联系到周光坦家属，说她在整理郑位三同志遗物时发现一张红军时期周光坦同志手扶自行车的留影。2017 年 10 月 17 日，本文作者陪同母亲周冶陶到蒲老家中探望，获赠了这张珍贵照片

地下党冒生命危险采购少许。药品奇缺成为医疗工作的最大障碍，周光坦多次召开总医院工作会议，强调医疗技术建设和自制医疗用品。中医部的主要职能是充分发挥随军老中医和本地老中医之力，组建采药队收集中草药并办厂制药，以中医治疗方法弥补西药数量之不足。同时，还举办中医研究班，组织中医 20 余人，边工作边组织学习，集体讲课，共同提高，逐步扩大红军中的中医队伍。[①]

总医院以医治战伤为主，不招收病号，只接收彩号[②]，并按军队编制，将伤号按伤势轻重和职务高低编为不同的彩号连（伤兵连），分别是：轻伤连、重伤连、干部连、特别连、休养连。其中特别连是生命垂危的彩号，在医疗、护理、伙食方面特别优待，休养连则主要接收负伤致残者和伤愈后需休养者。总医院收治的伤病员数量庞大，通常在 2000—4000 人之间，战争激烈时每天收治伤员在二三百人之间，当时彩号编了 3 个团，每团 1000 多人。总医院其他部门也都按军队编制，例如看护营约 350 人，下设 1 个男看护连和

① 王发渭、陈利平、呼健、张岗：《中医药在红军时期的应用》，《中西医结合学报》2011 年 10 月第 9 卷第 10 期。

② 彩号，专指作战中受伤的人员。

2个女看护连，担架队编制1个营，运输队编制1个营等。总医院对彩号悉心治疗照顾，帮助彩号尽早回归战斗部队，保卫川陕红色根据地。据当时在总医院工作的通江县老红军贺申回忆，周光坦院长如果发现医生护士对彩号态度不好，会批评和教育医护人员，要求最大程度体谅彩号；另一方面，如果出现彩号动手打医护人员的现象，周光坦会带着马鞭到病房查房，很严肃地提出警告，有次他说："×参谋长，你骂人打人有没有这回事？如果你再动手打护士，下次我带警卫员打你鞭子。"①

红四方面军总医院在医疗护理战场上以原始的医药条件进行了艰苦卓绝的战斗，帮助一批又一批光荣负伤的红军战士重新走向前线，壮大了红军有生力量。②另一方面，总医院在王坪期间，就近安葬因伤势过重或缺医少药、伤势恶化而牺牲的红军烈士达数千人。为永远铭记烈士的英名，总医院的干部、医护人员、部分轻伤病员响应号召，一起参加劳动，在王坪总医院旁边修建了"红四方面军英勇烈士之墓"纪念碑。这应该是红军时期为红军烈士集体修建的最大规模的纪念墓地，现为全国重点文物保护单位，位于通江县川陕革命根据地红军烈士陵园内。

2009年11月5日，在四川省巴中市城郊山麓上的川陕苏区将帅碑林中，周光坦的雕像落成，以纪念周光坦为川陕革命根据地作出的突出贡献。周光坦石像高4.8米，与李先念、徐向前、王树声、陈昌浩等其他10位红四方面军主要将领的石像，一起矗立在川陕苏区将帅碑林中心区——红四方面军主要将领纪念像园内；他们身上所体现的伟大红军精神，永远镌刻在他们曾经战斗过的川陕革命根据地。

---

① 周冶陶、周汉生:《回忆周光坦资料汇编·川陕时期》，2012年。

② 贾兴仁:《回忆王坪总医院》，载"川陕革命根据地红军烈士陵园网"。

长征会师后任红军总卫生部政委

1935 年 3 月 28 日，红四方面军强渡嘉陵江西进，于 4 月底完全撤离川陕革命根据地，向川西长征。是年 6 月，红一、红四方面军在四川懋功胜利会师，不久接到命令，调西北革命军事委员会总医院（红四方面军总医院）与中央革命军事委员会总卫生部（红一方面军总卫生部）合并为红军总卫生部，[①] 并由中革军委总卫生部时任部长贺诚担任红军总卫生部部长，由红四方面军总医院时任院长兼政委周光坦担任红军总卫生部政委。[②] 1935 年 6 月，红军后勤组织机构只设总供给部和总卫生部；是年 11 月，中华苏维埃西北革命军事委员会成立时，同时成立了中央军委后方办事处，周恩来兼任后方办事处主任，统一负责后方的军事、政治和后勤工作，当时的后勤保障部门有总供给部、总兵站部、总卫生部；直到 1936 年 12 月，军委后方办事处才改称后方勤务部。[③]

会师后的红军总卫生部，由贺诚任部长，周光坦任政委，苏井观任医政局长，陈志芳任保健局长，侯友成任医政科长，王友德任材料科长，丁世芳任中医科科长。[④] 1935 年 8 月初，中革军委在毛儿盖拟定《夏洮战役计划》，部署红一、红四方面军主力混合编队，分兵继续长征，[⑤] 红军总卫生部始终

① 于杰：《人民解放军最高统帅部——中央军委的沿袭变革》，《军事史林》2004 年第 5 期；川陕革命根据地历史长编编写组：《川陕革命根据地历史长编》，四川人民出版社 1982 年版，第 530 页。

② 《中国军事后勤百科全书 · 后勤历史卷 · 中国人民解放军后勤史》，2004 年，第 244、247 页；《中国军事后勤百科全书 · 后勤大事记 · 中国革命战争时期》，2004 年，第 121—122 页。

③ 明金、为民：《中国人民解放军总后勤部沿革》，《军事历史》1991 年第 4 期。

④ 参见《红四方面军主要卫生干部姓名表（1929—1937）》，载后勤历史资料研究室编《第二次国内革命战争时期后勤历史资料汇编 · 卫生工作类（合编）· 第五册 · 红四方面军部分（1928—1937）》，1965 年 6 月，第 54—56 页。

⑤ 中国工农红军第四方面军战史编辑委员会：《中国工农红军第四方面军战史》，解放军出版社 1991 年 8 月版，第 330 页。

跟随红军总部在左路军。[①] 根据长征需要，红军总卫生部在行军前进行突击治疗，尽量使大部分伤员归队，然后把不能出院的伤病员编为休养队，由医务人员陪护，随军行动；同时，总卫生部精减人员并减少分院数量，将大量医护人员分散到各作战部队，从医务角度大大提高了部队的应战能力。[②]

长征开始后，根据地的医疗环境变成了流动的战争环境，笨重的医疗设备和用品被迫扔掉，频繁的战斗导致药品的大量消耗及一部分医护人员伤亡，而医护人员很难在长征路途中补充，导致医护人员与医疗设备、医药用品都更加紧缺。总卫生部在行军中根据环境变化，还不断抽调人员充实到前方部队，以增强前线部队对伤病员的急救能力，适应战时野外医疗工作。长征路上，总卫生部的医务工作者们紧密团结，克服重重困难，沿路全力采集、收购中草药，自制医疗用品，努力救死扶伤。据当时在红军总卫生部工作的侯友成回忆，那时是长征过草地最艰苦的时候，又是红一、四方面军路线斗争最激烈的时候，周光坦在总卫生部任政委，在把红一、四方面军医务人员团结起来方面起了很大的作用，周、贺二人要不捏在一起就不好办了。[③]

1936 年 10 月，红军总卫生部随左路军走出草地。在实现红一、红二、红四方面军会宁会师后，贺诚赴延安，周光坦则进入中国人民抗日红军大学（红大）学习。1937 年 1 月，周光坦随红大迁往延安，继续在红大更名后的中国人民抗日军事政治大学（抗大）学习。

毛泽东认为："充实红军的给养与供给，组织联络前线与后方的军事

---

① 笮路：《红军在长征途中的卫生医疗建设》，《党史纵横》1996 年第 12 期。

② 参见朱德：《总司令部关于后方医院工作的指示》（1936 年 3 月 9 日），载后勤历史资料研究室编《第二次国内革命战争时期后勤历史资料汇编 · 卫生工作类（原件）· 第一册 · 中央军委暨红一方面军部分（1929—1937）》，1965 年 6 月，第 20—22 页。该文件最后一段对贺诚、周光坦的分工作出了明确指示。

③ 侯政，又名侯友成：《关于红一、二方面军卫生工作情况（1929—1936）》，载后勤历史资料研究室编《第二次国内革命战争时期后勤历史资料汇编 · 卫生工作类（回忆）· 第二册 · 中央军委暨红一方面军部分（1929—1937）》，1965 年 6 月，第 4 页；周治陶、周汉生：《回忆周光坦资料汇编 · 红军时期》，2012 年。

1937 年 4 月 23 日，周光坦（后排左三）在抗大学习期间与战友的合影

运输，组织军事的卫生治疗，同是对于革命战争有决定意义的事业。”[①] 应该说，红军的医疗卫生工作正是紧紧围绕这一主题展开。诚如吴之理撰文所指出，土地革命时期由于有贺诚、傅连暲、王斌等一大批医卫人才投身革命，有力地促进了我军卫生人才的引进和培养，并在红军战斗部队中逐步建立了连有卫生员、营有卫生所、团有卫生队、师军有卫生部和兵站医院、后方医院的卫勤保障体制，在极其艰苦的条件下使大批伤病员得到了有效救治，为红军的发展壮大作出了突出贡献。[②]

八路军一二九师卫生部政委

1937 年 8 月，根据中央军委命令，中国工农红军改编为国民革命军第八路军（9 月改称国民革命军第十八集团军），中央军委后方勤务部精

① 《毛泽东军事文集》第一卷，军事科学出版社、中央文献出版社 1993 年版，第 340 页。

② 吴之理:《忆我军卫生工作先驱们》,《人民军医》2007 年第 7 期。

简为卫生部、副官处、供给部，均隶属中央军委总参谋部，而前线的后勤保障工作主要由八路军前方总部负责，下设供给部、卫生部、兵站部。1939 年 6 月，中央军委成立后勤部；1944 年 8 月，中央军委后勤部撤销了下辖的工作机构，其保障任务转由第十八集团军统一负责；到 1945 年 11 月，中央军委后勤部改称总后勤部。①

抗日战争期间，周光坦大部分时间都在八路军（第十八集团军）一二九师卫生部工作。1937 年 8 月，周光坦从抗大二期结业，后调任一二九师军法处处长，1938 年 3 月调任一二九师卫生部政治委员。钱信忠时任一二九师军医处处长（卫生部部长），周光坦开始了与钱信忠的长期合作。

一二九师卫生部机构有政治处、医政科、手术队，最初只有 1 个野战医疗所，仅 5 个团有卫生队。在周光坦调任卫生部前，卫生部一个管理排长刚刚因贪污 600 多元被移送军法处，卫生部面临医务人才少、工作人员少、药品缺乏等困难。周光坦刚到卫生部不久，即发生侵华日军华北方面军的“九路围攻”，野战医院伤病号大幅增加，卫生部医务人员奇缺。为成立新的野战医疗所，周光坦向时任政治部主任彭学贵表示，希望在伤员伤愈后能留下一些。彭学贵答复说，暂时性的轮流调换当然是可能的。周光坦按照这个原则，暂留康复中的伤员，以满足基本医疗需要。②

据全国政协原副主席张思卿回忆，听周光坦亲口讲述过一个故事：当时周光坦和钱信忠在一二九师卫生部搭班子，钱信忠是卫生部部长，周光坦是政委。那时条件很艰苦，钱信忠同志对医生、卫生员说：伤员的体质都比较弱，要想办法买维他命之类的东西。周光坦说：什么唯他是保命啊，要想买到，第一要有钱，第二要到敌占区才能买得到，有风险；不如买点老母鸡，杀后煨鸡汤给伤员喝，战士体质就加强了。张思卿谈到这一

① 明金、为民:《中国人民解放军总后勤部沿革》,《军事历史》1991 年第 4 期。

② 参见 1943 年 8 月周光坦亲笔撰写的《个人经历》，存于中组部编制的周光坦档案。

1938 年 8 月 1 日，八路军一二九师卫生部第一届医生训练队毕业纪念（二排左四为周光坦）

段时感慨道：“周老没文化，但他这个人特别实事求是。”①

从 1938 年开始，一二九师卫生部多次举办培养战地医生的训练队。1938 年 8 月前，在山西省辽县（今左权县）马厩举办了第一届医生训练队。1939 年 5 月，举办了第二期医生训练队，教职员为卫生部部长钱信忠、副部长朱琏、政治委员周光坦、副主任肖德明、医务科长詹少联、组织股长马琮璜、教育股长 × 思林等。②

1940 年 10 月，周光坦进入中共中央北方局党校学习。1940 年 12 月，八路军总部野战卫生部与一二九师卫生部合并，仍称野战卫生部，钱信忠任部长。1942 年 4 月，周光坦回到第十八集团军野战卫生部，再次担任政治委

① 周冶陶、周汉生:《回忆周光坦资料汇编 · 南下中南检察院》，2012 年。二十世纪五六十年代，张思卿在最高人民检察署中南分署、湖北省人民检察院工作期间，长期在周光坦身边。

② 参见 1939 年 5 月八路军一二九师卫生部第二期医生训练队《教职员一览表》。

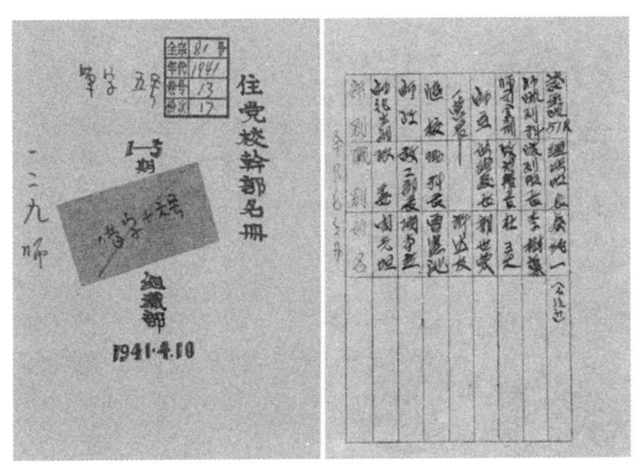

住党校幹部名冊

組織部

1941.4.10

1941 年 4 月印制的《住党校干部名册》载有周光坦职务为“师卫生部政委”

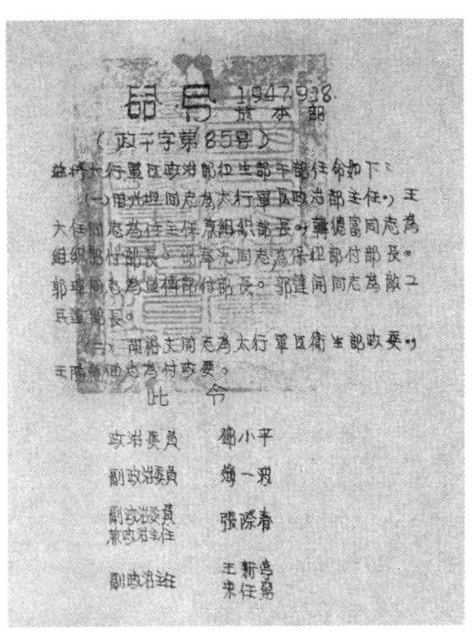

命令 1947.9.18 於本部

（政干字第85号）

茲將太行軍区政治部卫生部干部任命如下：

（一）周光坦同志為太行軍区政治部主任，王大任同志為付主任兼組織部長，韓德富同志為組織部付部長。邵[illegible]光同志為保卫部付部長。郭[illegible][illegible]同志為宣傳部付部長。郭建開同志為敵工民運部長。

（二）[illegible][illegible]文同志為太行軍区衛生部政委，王[illegible]同志為付政委。

此令

政治委員 鄧小平

副政治委員 薄一波

副政治委員兼政治部主任 張際春

副政治部主任 王新亭 宋任窮

1947 年 9 月 18 日，邓小平等任命周光坦为太行军区政治部主任的命令

1949 年 3 月 16 日，太行军区卫生部党员代表大会留影（前排右二为周光坦）

员，直到 1945 年 2 月接第十八集团军野战政治部的命令后调离野战卫生部。

解放战争期间，周光坦一直在太行军区政治部工作，开始时担任政治部副主任。1947 年 9 月 18 日，晋冀鲁豫军区政治委员邓小平，副政治委员薄一波，副政治委员兼政治部主任张际春，政治部副主任王新亭、宋任穷共同签发命令（政干字第 85 号），任命“周光坦同志为太行军区政治部主任”。1949 年 3 月，周光坦代表太行军区政治部，出席了太行军区卫生部党员代表大会。

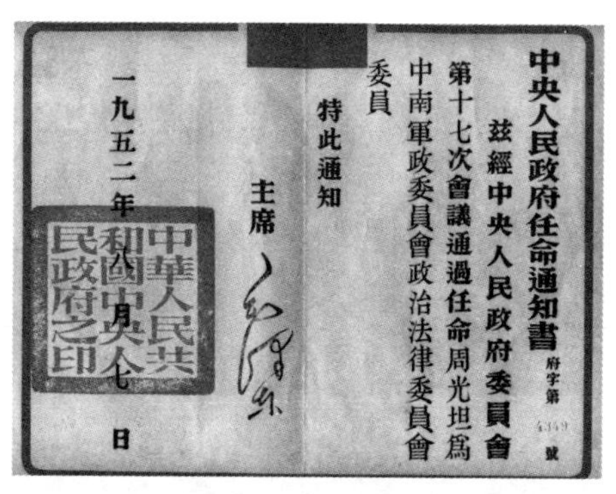

中央人民政府任命通知書 府字第 [illegible] 號

茲經中央人民政府委員會
第十七次會議通過任命周光坦爲
中南軍政委員會政治法律委員會
委員
特此通知

主席

一九五二年八月七日

中華人民共和國中央人民政府之印

1952 年 8 月 7 日，毛泽东主席签发的中央人民政府任命通知书

之后不久，周光坦南下武汉。1950 年 4 月 11 日、1952 年 8 月 7 日、1953 年 9 月 18 日，毛泽东主席先后签发了三份《中央人民政府任命通知书》，任命周光坦为最高人民检察院中南分署副检察长、中南军政委员会政治法律委员会委员、中南行政委员会政治法律委员会委员。周光坦从此一直在地方工作。

2018 年 3 月修订

（湖北省政协　供稿）

人 物

倪钟之：为共和国曲艺著史者

倪斯霆 *

家父倪钟之先生晚年最重要的一部学术大著《中国当代曲艺史》，作为天津出版界向中华人民共和国70华诞献礼之书，将由百花文艺出版社隆重推出。该书一是首次对共和国的曲艺艺术做了科学梳理；二是该书全景式地展现了自中华人民共和国成立到21世纪初，中国曲艺艺术从奠基到成熟、辉煌的发展全过程，并带有独到的学术评价；三是全书涵盖完整，不但将中国当代南北方曲艺艺术作为一个学术整体去考察，而且还融入了全国各少数民族及港澳台地区的曲艺形成与发展历史；四是书稿卷帙浩繁，字数多达130万言。

实话实说，父亲在世时，我真没感觉他的与众不同。在我眼里，他和所有人家的父亲一样，甚至对他写作、出版的众多著作，我也曾认为是工作分工不同的一种职业使然。这种认知发生变化，是在他故去后。2016年2月18日父亲去世当天，天津《今晚报》便刊出了著名文化学者孙福海先生的悼念文章；随后，文化部、中国文联、中国曲艺家协会、中国民间文艺家协会、中国民俗学会、中国俗文学学会、国内各省曲艺家协会及父亲好友冯骥才、姜昆、刘兰芳、田连元等，便分别发来了唁电、唁函及对家

* 倪斯霆，倪钟之之子，《书报文摘》总编辑。

属的慰问信；著名俗文学研究专家车锡伦、耿瑛、陈锦钊等老友，甚至在电话中放声痛哭；登门吊唁的国内知名专家、学者、演艺界人士，那几天也是络绎不绝；《曲艺》杂志及《中国艺术报》《天津日报》《今晚报》《中老年时报》等报刊，也先后刊发了很多怀念文章，尤其是《今晚报》，自父亲去世当日至此后的半年时间内，连续刊发怀念文章 10 余篇。大家均称父亲去世是中国曲艺界的一大损失，人们在高度赞扬父亲为中国曲艺事业作出贡献的同时，更是将其定位为“中国曲艺学科的奠基人之一”“中国演艺民俗研究奠基人之一”，是“著名曲艺理论家”“著名曲艺教育家”。也正是从媒体与个体的悼念与缅怀中，我蓦然发现了父亲的“不平常”。

痴迷戏曲、曲艺艺术的“遗腹子”

1936 年 11 月 16 日，父亲出生于天津市一个平民家庭，自幼随祖母与寡母长大。民国时期的天津，戏曲、曲艺艺术流派纷呈，名角荟萃，曾被誉为“戏曲大本营”“曲艺之乡”。父亲少年时期因随母亲经常出入各戏院、杂耍场等娱乐场所，由此喜爱上中国传统戏曲、曲艺艺术。

年纪稍长，父亲随家人搬到了河西三义庄培元里居住。此时他已上小学，便经常一个人偷着出去“看玩意儿”。当年谦德庄、三不管、地道外及鸟市等书场、杂耍儿场的“撂地”表演，曾让他流连忘返。而对当时戏院中上演的京剧，父亲也是痴迷上瘾。

正是在戏曲、曲艺“原生态”氛围的熏陶下，父亲对旧时演艺行的种种行规、切口及各色艺人的卖艺特色烂熟于心，他后来出版的那部《中国民俗通志·演艺志》能够同时获得学术界与演艺界的双重褒奖，应与这种切身体验密不可分。在上小学、中学期间，父亲便开始创作与表演相声，并与同学组织话剧、曲艺等学生演出团体服务于社会。后来成为影剧界“大腕儿”的印质明、郑天庸、高长德等，便是他这一时期的演出伙伴。

“曲艺之乡”的曲艺史论拓荒者

青年时期的倪钟之

1957 年，父亲从天津城市建设工程学校毕业后，被分配到天津市建筑工程局工作。也就是从这时起，他开始了对中外演艺文学及表演艺术的钻研。在研读了大量中国传统戏曲、说唱艺术史料的基础上，结合当年流行的斯坦尼斯拉夫斯基表演体系，他对当时尚未形成任何理论的曲艺创作与表演进行了学术思考。

1958 年，他在《海河说唱》发表了曲艺理论研究处女作《谈相声的欣赏》，对在新时代人们如何欣赏相声及相声如何适应新时代人们的审美需求等问题，做出了理论阐述。此文一出，便引起国内专家学者及从业者的关注，并由此引发了新中国首场波及全国曲艺界尤其是相声业内的大讨论。当时上至文艺界领导与专家学者，下及剧团经营者与著名演员，纷纷发表文章各抒己见。这场持续近两年的大讨论，不但让中央广播说唱团对已经公演的部分相声作品进行了重审，而且也对刘宝瑞、郭全宝、马季、陈涌泉等名家的新相声创作，起到了促进作用。这场大讨论，实际上就是当今人们从接受美学与观众心理学角度对相声艺术进行研究的肇始。

由于这场大讨论，父亲在全国相声业内声名鹊起。1960 年，全国开展了“抢救文化遗产”“挖掘传统曲目”活动，各地都在记录整理老艺术家的演艺生平和表演经验。天津是“相声窝子”，众多著名相声老艺人都生活在天津，抢救他们的表演经验就成了当时主管部门的重中之重。于是自那年冬天起，父亲便受天津市文化局方纪局长委派，历时 3 年完成了对著名相声老艺人张寿臣先生表演经验及代表作的记录与整理工作。这期

20 世纪 50 年代倪钟之（后排右二）与夫人（后排右一）与国内单弦名家张剑平（前排右一）等合影

间，由于张寿臣先生在全国相声界是“大辈儿”，国内各地的知名相声演员到天津出差或演出，都要登门去拜访他，因此父亲在其家中不但见到了众多相声艺人，而且在和他们的攀谈中，还有意积累了大量相声界的逸闻史料。正是在此基础上，父亲在完成记录整理任务的同时，还捎带写出了两部“副产品”。其一是发中国相声理论研究之先声的《单口相声表演经验谈》；其二则是中国相声界的首部家谱《相声演员的师承》。虽然这两部书稿因故未能公开出版，但其复写稿因在马三立、郭荣启、赵佩茹、阎笑儒等名家手中保存，故而在业内流传甚广，以致 20 世纪 70 年代末，侯宝林先生率众人编写《相声溯源》一书时，还曾专门到津找父亲询问相关情况。

与此同时，父亲在 20 世纪 60 年代初，与京津及东北地区的刘杰谦、陈荣启、固桐晟、蒋轸庭、顾存德、姜存瑞等众多评书老艺人交往甚多。在广听博闻与多方访问的基础上，他发表了一系列评书理论研究文章，并编写出了评书界首份家谱《评书艺人师承表》，不但受到业内瞩目，而且还开了国内评书理论研究之先河。当时评书艺术虽在北方地区兴盛发达，但从理论与谱系上对其进行研究者，除北京老民俗专家金受申先生外，父亲应该是个唯一。随着一篇篇填补空白、见地不俗的曲艺史论文章的面世，在 20 世纪末期，父亲已成为业内公认的中国曲艺史论研究专家。

如果说以上业绩尚属专业积累与学术探索，那么自 20 世纪 90 年代开始，父亲的研究便到了成果收获期。中国曲艺艺术虽然源远流长、享誉世界，但在 20 世纪 90 年代以前，海内外对其历史考察和理论研究却相对滞后。对此，父亲既有着清醒的认识，又有着肩负责任的使命感。1991 年，被国内舆论界誉为“填补中国艺术史学科空白”的《中国曲艺史》由春风文艺出版社推出后，旋即获得国家出版署颁发的中国图书奖。该书在经过 20 多年的时间检验后，经父亲生前亲自遴选图片，作为向共和国成立 70 周年献礼之书，由百花文艺出版社重新出版。

继《中国曲艺史》之后，父亲又完成了一系列曲艺史论及与之相关的演艺民俗等学科的拓荒之作，如《曲艺民俗与民俗曲艺》《中国民俗通志·演艺志》《中国相声史》《中国当代曲艺史》《中国评书评话史》《中国说唱文学》及《倪钟之曲艺论集》《倪钟之曲艺二论》《我与曲艺七十年》等。此外，父亲还与著名相声表演艺术家姜昆共同主编了 120 万字的《中国曲艺通史》，单独主编了《中国民俗大全（天津卷）》《中国历代曲艺作品选（中卷·明代部分）》《刘文亨和他的相声艺术》《张剑平和他的单弦艺术》等。

倪钟之与姜昆联合主编的《中国曲艺通史》书影

对父亲的上述著作和学术贡献，在他去世后，海内外友朋已有过诸多评价。中国文联副主席冯骥才先生在惊闻讯息后的第一时间便说：“‘中国曲艺的百科全书’走了！”中国曲艺家协会主席姜昆先生则发文称：“一代曲艺评论家倪钟之先生是我的良师益友，是我尊重的曲艺前辈，惊悉他的离世，悲痛万分。”中国文联副主席、著名评书表演艺术家刘兰芳认为：“倪钟之先生是我国著名的曲艺理论家、曲艺作家、曲艺教育家，是中国曲艺学科的奠基人之一，为中国曲艺的传承和发展，鞠躬尽瘁，有口皆碑。”中国曲艺学会会长、著名评书表演艺术家田连元先生也赋辞悲曰：“惊闻倪钟之先生病逝，不胜悲恸，往事浮现，旧景重回。忆同校执教，论坛交流，跨海峡会文友，走盛京会良朋。音容在，话语存，业未竟，事未终，君何去匆匆？悲哉痛哉！愿君志飞凌霄，魂归太素，笔扫愁云，净化天堂！”台湾地区著名俗文学研究专家陈锦钊教授著文称：“钟之兄是我认为的中国曲艺研究最有成就之人，也是我在大陆最为交好的文友。”

当代津门曲坛的重要“当事人”

1962 年，因在曲艺创作与理论研究方面业绩突出，父亲被天津市文化局调入和平区曲艺杂技团。关于这次调动，还有“故事”可说。

当时文化局是准备将他作为新文艺工作者调入天津市曲艺团的。但父亲当时已有写作中国曲艺史、杂技魔术史及演艺民俗史的想法，他认为，天津市和平区曲艺杂技团涵盖了旧时“撂地儿”等“杂耍”技艺的各种科目，不但具有天津市曲艺团所包含的各类曲种，而且还有评书、魔术、杂技等市团不具备的演出科目。此外，这个“区团”是在著名京韵大鼓演员孙书筠于 1952 年组建的群声曲艺社基础上改组的，实力雄厚。

这个“区团”保留原生态演出遗风的老中青艺人众多，如相声演员尹寿山、阎笑儒、班德贵、耿宝林、张嘉利、史文翰、王家琪、赵心敏、高英培、范振钰、刘文亨、刘文贞、李鸣岐、王鸣禄、黄铁良、于佑福、刘玉凤；鼓曲演员金慧君、阎秋霞、侯月秋、张伯扬、周文如、乔凤楼、刘凤霞、二毓宝、刘玉霜；书曲演员马正明、张连仲、郝艳霞、田起山、田荫亭、赵田亮、左田凤、陈凤芸；杂技魔术演员马国良、王殿英、冯书田、孙杰、鲁飞、曹企；著名弦师韩德荣、张伯华等，当时都是曾走江湖的名艺人。他们不仅阅历丰富，而且长年演出于市井坊间，演艺民俗色彩更为浓郁。父亲觉得这些艺人对他将来写史帮助更大，于是他便主动要求去这个“区团”。

在此后的时光，父亲便充分利用“区团”优势，在外出巡演及市内各种演出的间隙，与老艺人们同吃同住，记录整理了团内外各曲种众多老艺人的表演经验与从艺经历。这既让他对曲艺、杂技、魔术等演艺艺术有了更深更全面的认识与理解，又为他此后从事中国曲艺史论及演艺民俗等专著的写作积累了丰富素材。

1963 年夏天，特大洪水围困天津，天津市各界都组织了抗洪大军，急赴几条河流筑埝防洪，市内各文艺团体也都组织慰问团到工地慰问。父亲主动请缨，他和团里的王家琪、于佑福、赵心敏、张嘉利、刘文亨、刘文贞及建华京剧团的王则昭、张雁林、孟宪蓉等组成一个慰问团，到工地巡回演出。当时他们吃住在独流减河工地，白天赶场在堤头演出，晚上就躺在大堤上睡觉。那时各团没有专职报幕员，父亲因演过话剧，便客串报幕。他经常是现场发现新闻，临时“现挂”、临场发挥，与赵心敏、刘文亨、刘文贞等相声演员配合默契，搞得场场演出气氛热烈，颇受好评。

1964 年，大批文艺工作者响应党的号召，到农村与贫下中农相结合。父亲当时和常宝霆、张剑平、邵增涛等人去了东郊区四合庄。在他们与农村社员同吃同住同劳动期间，父亲发现四合庄尚未接通自来水，人们吃水都要到很远的地方去挑，十分不便。于是他便利用冬闲季节，发挥了他在建设工程学校所学水暖专业的特长，骑着自行车往返市区数趟，采购来原材料，在村里人的配合下，顺利地为村民们接上了自来水。当然，由于多年不干业务荒疏，安装过程中也闹了不少笑话，为此常宝霆老伯后来还经常拿他“砸挂”。这期间，父亲为著名梅花大鼓演员周文如写了新段子《看场人》。后来他陪周文如到村里去体验生活，遇见一位大娘，大娘一见面就说：“哟，这不是钟之吗？多咱来的，快回家吧！”周文如很受感动，她说：“没想到你和这里的老乡关系是这么亲密！”

父亲返回团里不久，便在《解放军文艺》上读到了王愿坚的短篇小说《亲人》，他很受感动，于是便将其改编为单弦《将军认父》，交给著名单弦演员张伯扬演唱。张老先生是“老江湖”，1948 年老舍描写单弦艺人走江湖的《方珍珠》被拍成电影，当时内定的主演便是他。虽然后来因种种原因改由影星陶金担纲，但里面所有单弦曲段都是他演唱的（他的弟弟张伯华弹弦伴奏）。因此这段《将军认父》由张伯扬演唱后很火，不但经常出现在各种演出中，而且还作为他的代表作，经电台录音后成为交换曲目，被播放到全国各地。

在“文革”期间，和平区曲艺杂技团解散，父亲到天津市和平区文化馆，做群众文化工作。这一时期，他除了和张保真阿姨恢复了和平区文学创作组，培养扶持了周振天、宋春丽等一批文学青年外，仍坚持从事曲艺史论的资料搜集与研究工作。著名评书演员刘立福先生近年曾回忆说，“文革”期间，他就撞见过父亲与相声老艺人冯立铎在文化馆一个小房间内，偷偷用小录音机录冯的相声名段《满汉斗》。与此同时，父亲还应天津市多所大专院校的邀请，以讲解文艺创作的名义去普及曲艺知识。那时讲课没有录音机和录音带，父亲为了讲座生动，便将刘文亨、班德贵两位相声演员带去，每当讲到相声的基本表现形式，如“一头沉”“子母哏”“贯口活儿”“柳活儿”时，便让二位上去现场表演，这一方面增强了讲座的生动性，同时也让他们二人借机“溜溜活儿”，为他们将来的复出作了准备。后来，随着形势的逐渐转变，父亲又利用群众文艺面向大众演出的机会，在组织各种业余文艺演出时，将周文如、班德贵、刘文亨、高英培、范振钰等多位已离开舞台的专业演员请回业余演出队伍。此举既提升了群众文艺的演出质量与观赏性，又使这些专业演员没有荒废自己的业务。当新时期到来后，刘文亨、高英培、范振钰等相声名家能迅速在全国崛起，应与此有直接关系。同时，在这些演出中，父亲还发现、培养了甄金堂、张万年等多位在全国享有盛誉的曲艺名家。

至今我还记得，当“文革”刚刚结束，天津的文艺舞台正在“破冰”之际，和平区文化馆在滨江剧场组织了一场全市“业余演员”的“相声大会”。父亲是这次演出的具体组织者和舞台监督，他利用自己在曲艺界的声望，将当时尚未“归队”的高英培、范振钰、刘文亨、班德贵、李伯祥、王世勇、魏文亮、孟祥光、杨少华、马志存、杨志刚、杨志光、赵心敏、王鸣禄、刘文贞等一批专业相声名家聚于一台。此次演出，一票难求，非常轰动，与其说是“业余演出”，毋宁看作是当年被迫离开舞台的一批专业相声名家的“业务展演”。

与此同时，父亲还恢复了原来文化馆的业余话剧团，并请来此时已调至天津市话剧团的老朋友、著名电影演员印质明做导演。当新时期到来不久，该团便在天津率先公演了批判“四人帮”、歌颂周总理的话剧《枫叶红了的时候》《丹心谱》《于无声处》，受到市民的普遍欢迎。

1980 年，天津市实验曲艺团成立，父亲被上级指派筹建该团并出任编导组负责人。于此任上，父亲尽心尽责，并具体操办了将当时散落在天津各区的曲艺名家重新聚拢归队的任务。那时高英培、范振钰已被全总文工团调入北京，而刘文亨当时也正与北京军区文工团接触。就在即将成行时，父亲得知了消息。他先是做通了刘文亨、魏文华夫妻的工作，随后又找到部队说明情况，结果北京军区表示支持地方文艺发展，放弃了原计划。这样，原来天津市各区曲艺团解散的一些相声名演员便都重新归队了。

在实验团，父亲除创作了大量曲艺作品外，仍孜孜不倦地进行曲艺理论的探索，写下了大量研究文章，并被中国曲艺家协会指定为对外交流专业人员。记得当时美国学者林培瑞为写相声研究论文来到中国，经中国曲协安排，专程到津找父亲请教。父亲不但在家中为其详细讲解了中国曲艺及中国相声，而且还陪他拜见了马三立、常宝霆、苏文茂、刘文亨、魏文亮等相声名家，并专门召开了一个小型研讨会。

曲艺正规化教学的奠基者

就在父亲全身心投入津门曲坛的耕耘时，1984 年，隶属文化部的中国北方曲艺学校，在老一辈革命家陈云的关怀下筹建于天津。父亲作为三个筹建人之一，在负责该校专业老师的遴选、考察和调入工作的同时，还主持了各专业设立及课程设置工作，后被任命为教务主任兼曲艺文学系主任。

中国北方曲艺学校虽落户天津，但其担负的教学任务涵盖了所有北方曲艺曲种，是当时国内仅有的两大国家级曲艺院校之一（另一家是地处苏州负责南方曲艺人才培养的苏州评弹学校）。因此，该校所有专业的专职和兼职教师，可从全国各地曲艺机构引进。父亲介入曲校的第一项工作，便是负责引进教师。因为在当时能够熟识并识别北方各曲种及各专业优秀人才，同时还要知道他们是否能够胜任教学任务者，父亲是最合适的人选。

20 世纪 80 年代初期，各大专院校尤其是艺术专业学校的教学设备和师资待遇普遍落后。然而新建的中国北方曲艺学校，由于被国家寄予了弘扬中国传统文化的厚望，不但教学设备先进，而且还建有很高级的教职员工住房，于是不仅天津，包括全国各类文艺机构的知名人士，要求调入者大有人在。那些日子，父亲几乎是奔走在全国各地，约见、考察、谈话、磋商，成了他每日的必修之课。经过严格考察和与相关领导机构反复协商，最终经父亲之手为学校引进了骆玉笙、田连元、孙书筠、王世臣、刘学智、徐桂荣、韩德荣、朱学颖、张剑平、刘文亨、阚泽良、曹元珠、姚念贞、田立禾、田蕴章、魏文华、王文玉等一批专职及兼职教师。

中国北方的曲艺说唱艺术，自形成之日起，在传承方面便是口传心授

1981 年，倪钟之代表中国北方曲艺学校向著名曲艺表演艺术家骆玉笙献礼

的师父带徒弟方式。因此，在曲校筹建之初，别说是“曲艺教学大纲”，就是一本“学员手册”也没有。作为学校学科负责人和教务主任，父亲只能白手起家独自承担起了“曲艺教学大纲”的制定和编写工作。经过数月的调研学习和策划撰写，一部百余页的《中国北方曲艺学校教学大纲》在父亲的笔下完成了。可以说，父亲亲自制定的这部教学大纲，不但成为当年曲艺学校专业教学和课程设置的依据，而且还被其他艺术院校在开设曲艺与说唱文学课程时所参照。直到今日，也仍被天津艺术职业学院曲艺专业及其他大专院校曲艺教学所沿用。

随着各专业教师的陆续进入和教学规划的日趋成型，1986 年下半年，曲校开始了全国统招工作。父亲作为教务长和曲艺文学系主任，负责全校首届学生招生工作，亲自率队前往各地进行新生的考试和录取工作。

在曲艺文学专业，父亲主讲“中国曲艺史”和“中国曲艺概论”两门大课。由于没有任何可利用的教材，父亲便夜以继日地撰写，力求教材科学规范。当时父亲老友春风文艺出版社编审耿瑛先生偶然间得到了曲艺史讲义，在认真阅读后感到这将是一部非常有分量的学术专著，于是便向社里报了出版选题，并表态说：“此生如能作为责编编辑出版这部著作，将死而无憾。”

曲校首届演员班毕业前夕，学校组织他们到北京参加汇报演出。当时文化部与教育部都十分重视此次活动，两个部的相关领导都到驻地来看望教职员工和毕业生。经父亲亲自招入并培养的几届文学班毕业生，毕业后大部分已成为各省市相关领域的专家及学科带头人，其中首届文学班中的李广宇和袁冀民，已分别担任了河南省与河北省的曲协副主席。

创建中国曲艺学科的先行者

1996 年，已到退休之年的父亲受邀出任学校学报《曲艺讲坛》主编，又承担起团结聚集海内外优秀曲艺研究人才、为中国曲艺理论的构建开辟阵地的重任。在他任主编的两年间，《曲艺讲坛》先后刊出了国内外一流专家学者的学术论文近百篇，在中国曲艺学科建设及引进海外曲艺研究成果等方面作出了特殊贡献。

两年后，父亲终于可以退休归家了。虽然离开了他心爱的曲艺教学与编辑岗位，但其对曲艺史论的研究仍在继续，且成果显著。在退休后的近 20 年时间内，父亲除了经常参加国内外各种学术研讨会外，还相继撰写、主编了 10 余部曲艺理论及民俗专著。

2002 年，父亲接到时任中国艺术研究院曲艺研究所所长姜昆的来电。他邀父亲共同主编一部国家级的《中国曲艺通史》，并表示由他负责选题立项和资金落实，由父亲负责组织国内此方面最有成就的专家进行撰写。父亲自他的那部《中国曲艺史》出版后，又相继收集了许多罕见的一手说唱资料，本就有修订该书的想法。此刻他听了姜昆的电话，便立即答应下来，并迅速向老朋友张鸿勋、于天池、车锡伦、蔡源莉、耿瑛等发出邀请。在得到这些国内对说唱艺术深有研究的专家、教授们的加盟回复后，他便在第一时间写出了全书大纲，在经过姜昆及诸位专家的反复论证后，全书的撰写工作十分顺利。2005 年，这部 120 万字的《中国曲艺通史》

由人民文学出版社推出后，在国内学术界产生了重大影响，为此中国艺术研究院和中国曲协及人民文学出版社还在北京举行了隆重的新闻发布会。如今这部通史已成了各大专院校艺术学专业的教科书，与父亲的其他几部曲艺理论著作被共同称为中国曲艺学科的部分奠基之作，父亲也因此而被行业内誉为创建中国曲艺学科的“先行者”。

2009 年，中国曲艺家协会成立 60 周年之际，父亲被表彰为“新中国曲艺 60 年突出贡献曲艺家”奖。同时，他还被文化部特聘为国家非物质文化遗产保护工作专家委员会委员。

父亲的学术成就在海峡对岸也引起同行的关注。2003 年，中国台湾地区的艺术研究机构专门派人来津找到父亲，要他领衔组建一个大陆曲艺专家代表团赴台作学术交流。在台北台湾图书馆举行的研讨会上，父亲在开幕式做了主旨演讲。同时，父亲还应台湾政治大学、台湾师范大学、台湾艺术大学、台湾艺术中心、大汉玉集剧艺团等单位邀请，分别做了有关中国说唱艺术的讲演。

从台湾回来不久，父亲又与姜昆等专家学者赴日本进行学术交流。这一时期他还在家中先后接待了俄罗斯著名汉学家李福清院士、挪威中国艺术研究专家易德波女士、日本俗文学专家波多野太郎教授与铃木靖教授等，在为他们详细介绍中国曲艺艺术的同时，也与他们结下了深厚友谊。李福清院士后来在接受《天津日报》采访时便说：“我在天津有两个最好的朋友，一个是冯骥才，另一个便是倪钟之。”

江苏省泰州市是明代大说书家柳敬亭出生的地方。2009 年，该市为弘扬先贤文化，决定筹建中国评书评话博物馆。当他们将这一想法上报中国曲协时，得到时任曲协主席刘兰芳的大力支持，她还特别指定我父亲为该馆的首席顾问。在接到刘兰芳电话和接待了博物馆筹建负责人后，父亲表示此项工作他责无旁贷。随后他不仅很快便写出了建馆策划书及馆内解说词，而且还数次亲临指导建馆和布展工作。可惜的是，就在该馆于 2016

倪钟之在家中与俄罗斯汉学家李福清（中）研究稿件，左为本文作者倪斯霆

年春天建成时，父亲却不幸于当年 2 月病逝了。但泰州市政府没有忘记父亲，中国曲协也没有忘记父亲。2016 年 4 月，中国评书评话博物馆举行开馆典礼，我和母亲作为特邀嘉宾，参加了这一隆重盛典，还受到了泰州市委书记和市长的接见。当时已是中国曲协主席的姜昆老师在见到我后，动情地说，你父亲为这座博物馆倾注了许多心血，当年我同他一起主编《中国曲艺通史》时，曾向他学到了很多学问，他应该是中国曲艺学科的奠基人之一。而时任中国曲艺学会会长的田连元老师，更是深情地向我回忆起了他与我父亲的多年交往。

作为后人，3 年多来，我也在理性地思考着父亲生前业绩，综观父亲一生的曲艺史论研究，我认为较突出的成就可以归纳为以下五个方面：

首次为中国源远流长的曲艺艺术写出了通史。1991 年出版的《中国曲艺史》，虽然影响甚大，但其涵盖范围还仅是从先秦到 1949 年之前。他认为，共和国的曲艺发展历史更值得大书特书。2007 年，他因过度笔耕导致心动过缓，被迫安装了心脏起搏器。他对我说："看来我的时间不多了，我要在有生之年再写一部《中国当代曲艺史》，以和我的《中国曲艺史》配套，这样就能成为一部完整的中国曲艺通史。而且这部当代曲艺史我写最合适，一是我经历了整个过程，二是为写它我已准备了多年，收集了大量濒于消亡的史料。写完它，我也就死而无憾了。"于是，从那年的冬天开始，他心织笔耕，历经 4 个寒暑，终于在 2012 年底完成了这部

130 万字的大著，了却了他为中国曲艺撰写通史的夙愿。

《中国曲艺史》（第一版）书影

首次将中国少数民族和港澳台地区的说唱艺术纳入中国曲艺史的大系统中加以考察。父亲的中国曲艺史研究范围，已囊括整个中国版图。他在用曲艺艺术特征和标准衡量的基础上，打破业内只将 1949 年后被搬上舞台的说唱艺术视为曲艺之藩篱，将散落在各少数民族及港澳台地区的说唱艺术正式引入了中国曲艺史的大系统中。其写作的《中国曲艺史》《中国当代曲艺史》《中国相声史》《中国评书评话史》等专著，均为中国少数民族和港澳台地区的说唱艺术辟有专章。

首次将北方评书与南方评话作为一个说书整体去考察研究，写出了国内首部《中国评书评话史》。对此，著名文化学者孙福海先生言道，写作“《中国评书评话史》，必须要熟悉评书和评话两个门类，而现实的状况是：北方的曲艺理论工作者只熟悉评书，南方的曲艺理论工作者只熟悉评话，而唯有他能驾驭南北两方的评书评话”。

首次将中国民俗引入曲艺及其他演艺理论的研究中。在出版了国内第一部曲艺与民俗相结合的研究专著《曲艺民俗与民俗曲艺》的基础上，又将中国民俗与中国的电影、戏曲、话剧、曲艺、杂技及民众街头表演等整体演艺艺术相结合，推出了国内首部《中国民俗通志·演艺志》。这部著作已成为各高等院校讲述民俗课程时的必备史料。

对曲艺这一民间说唱艺术进入学术殿堂作出了突出贡献。父亲生前曾写有数百篇有关曲艺理论的文章。这些篇什有的登载在国家或地方的曲艺理论研究刊物上，有的发表在《文学遗产》《艺术研究》《明清小说论丛》

晚年在家中写作的倪钟之

《民间文化论坛》《戏曲丛刊》及多所大学学报等学术期刊上。这一系列文章的刊出，不仅扩大了中国文学与文艺刊物的外延，而且还让曲艺这个“下里巴人”登上“象牙之塔”，享受了与“阳春白雪”同等的地位，对抬升曲艺艺术自身的价值与学术地位功不可没。

2019 年是中华人民共和国 70 周年华诞。年初，父亲的搁笔之作、用 24 万字篇幅重点讲述其与共和国曲艺成长历程的《我与曲艺七十年》，已由天津社会科学院出版社公开出版。年底，父亲的首部著作、45 万字的《中国曲艺史》又将由百花文艺出版社以插图本的形式再版推出；同时，凝聚着父亲晚年最大心血的《中国当代曲艺史》，也将在百花文艺出版社杀青。从历史发展的轨迹考量，这两部相互衔接的曲艺史，正好构成了一部完整的中华民族说唱艺术通史。我想，这两部史和一部自传能在今年一并推出，不仅是时间的巧合，而应该是父亲在天堂为自己深爱的祖国之生日所献的一份大礼。

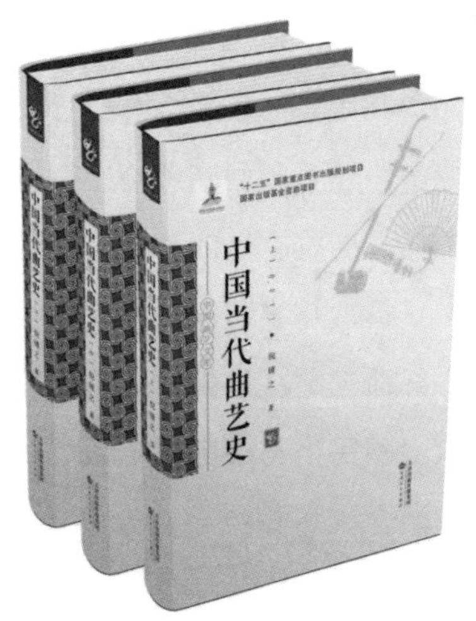

《中国当代曲艺史》书影

2019 年 8 月

纪事

莫高窟人和“莫高精神”

樊锦诗*

“舍身饲虎”的真意

敦煌莫高窟特别珍贵，可是由于地处偏远，生活相对艰苦，很难吸引人、留住人。即便是在改革开放以后，生活有了较大改善，有些人到这里一看就说太远了，生活也不好，不愿在莫高窟就业。可是在 20 世纪 40 年代，有一位留法归来的著名画家，出于对敦煌艺术的热爱和对古老文化的景仰，毅然留在了这里。他就是常书鸿先生。

当时他面对的莫高窟已经 500 多年无人管理，几乎是一片废墟，可他毫不畏惧，不仅没有走，反而把在重庆的妻子、儿女全都接来了莫高窟，全家在此落户。过了一阵，家庭遭遇变故，妻子突然不辞而别，常先生骑马去追也没追回来。遭遇家庭离散之痛的他并没有离开，他带着两个孩子，继续坚持在莫高窟工作。1945 年抗战胜利后，第一批到艺术研究所工作的人几乎都先后离开了敦煌。在这个时候，常书鸿先生仍然坚守不走。不仅如此，他还四处招募青年人才，准备重整旗鼓，继续在莫高窟

* 樊锦诗，第八至十二届全国政协委员，中央文史研究馆馆员，曾任敦煌研究院院长。

坚守下去。

为什么常书鸿先生会留下来，一生坚守在莫高窟呢？他曾在自传中写下这样一段感人肺腑的话。他说：

> 在不寐的长夜里，忽而，我脑中又呈现出一幅幅风姿多彩的壁画，那栩栩如生的塑像，继而，我又想到第254窟中著名的北魏壁画《萨埵那太子舍身饲虎图》，它那粗犷的画风与深刻的寓意，又一次强烈地冲击着我。我想，萨埵那太子可以舍身饲虎，我为什么不能舍弃一切侍奉艺术、侍奉这座伟大的民族艺术宝库呢？在这兵荒马乱的动荡年代里，它是多么脆弱多么需要保护，需要终生为它效力的人啊！我如果为了个人的一些挫折与磨难就放弃责任而退却的话，这个劫后余生的艺术宝库，很可能随时再遭劫难！

后来，在与池田大作的对谈中，常先生说道："到了人生的最后阶段，我想我可以这样说：到目前为止，我的人生选择没有错。我没有一件让我后悔的事。"他还说："我不是佛教徒，不相信'转生'。不过，如果真的再一次托生为人，我将还是'常书鸿'。我要去完成那些尚未做完的工作。"

为了保护莫高窟这座人类绝无仅有的文化遗产，多少像常书鸿一样的莫高窟人甘愿献出了自己的一生。《萨埵那太子舍身饲虎图》讲述的是释迦牟尼佛的前世萨埵那太子在与两位兄长去山林游玩的途中，为了拯救一只因饥饿而濒死的母虎和它的虎崽们，慈悲而决绝地舍出自己肉身的故事。可以说，这个故事就是莫高窟人的精神写照。常书鸿先生几十年如一日坚守大漠的精神，不就是当代的舍身弘道吗？

这幅壁画在一个不大的画面里同时画出了舍身饲虎发生在不同时空的情节。第一次萨埵那太子纵身从山崖高处跳下，由于母虎已奄奄一息，无

1976 年，常书鸿在莫高窟 103 窟临摹

力去吃躺在面前的萨埵那太子。太子便重新登上山崖，以木枝刺颈出血，然后再次跳下。这样就可以让众虎闻到血腥味，先舔其鲜血，等到气力有所恢复后，再啖食全身。画面还呈现了为死去的太子悲恸欲绝的国王、王后等人，他们为萨埵那太子的慈悲功德建塔纪念，并且被他的慈悲所感化。

壁画中先后两次舍身的萨埵那，在我看来是一种超越了单一时空的前赴后继的“自我牺牲”的象征。萨埵那不是一个人，而是意指许多人；不是一个固定时空的牺牲的呈现，而是一切时空的神圣的牺牲的呈现，是超越时空的为理想和信仰而舍身的总体象征。

1944 年，一批志士仁人、青年学子远离城市来到大漠戈壁。初创国立敦煌艺术研究所的时候，以常书鸿为代表的第一代莫高窟人，在荒芜凋敝、飞沙扬砾、物资匮乏、交通不便、陋屋斗室、无水无电的艰苦条件下，筚路蓝缕，开基创业。然而，当研究、保护和传承工作初现端倪的时候，又遭遇了政治运动频发的特殊历史时期。在这个时期，一些人遭受不公正的待遇，忍辱负重，历经艰辛坎坷，却始终矢志不渝。

这些“打不走的莫高窟人”在改革开放之后继续砥砺前行，把前辈开创的事业发扬光大。20 世纪 80 年代，虽然莫高窟艰苦单调的生活并无多大改变，但仍然有不少风华正茂的青年学子从祖国四面八方“自投罗网”，来到大漠深处。他们舍小家，顾大家，淡泊明志，板凳能坐十年冷。不管是煤油灯下埋首勤学，靠镜面折射借光临摹，踩“蜈蚣梯”考察洞窟，还是不厌其烦开展石窟数字化，分析壁画病害机理，建设敦煌学信息资源库……道路虽艰，但研究人员乐此不疲，乐在其中，终于在敦煌学的各个领域获得建树。

几代莫高窟人以他们的青春和生命诠释的正是“坚守大漠、勇于担当、甘于奉献、开拓进取”的“莫高精神”。在敦煌研究院的一面墙上，写着这样一句话：“历史是脆弱的，因为她被写在了纸上，画在了墙上；历史又是坚强的，因为总有一批人愿意守护历史的真实，希望她永不磨灭。”这句话说的就是 70 多年来那些打不走的莫高窟人。

庄子赞叹曾子这个人：“养志者忘形，养形者忘利，致道者忘心矣！”以艰苦求卓绝，这就是曾子！以艰苦求卓绝，这也是莫高窟！坚守和奉献源于对这份事业的热爱，对遗产保护的责任。寓保护于研究之中，寓热爱于责任之中，成为莫高窟人的自觉，也形成了身居大漠、志存高远的传统。

敦煌研究院自诞生之日起就自觉担当，以保护、研究、弘扬中华优秀传统文化为自己的崇高责任。从百废待兴、抢救文物到面向世界，科学保护；从制定法规、精心管理到探索“数字敦煌”，永久保存敦煌瑰宝。敦煌研究院在为国宝重现光芒的道路上勇于担当，探索奋进，成为我国文化遗产保护领域的生力军。

国内文物系统首个国家级工程中心的建立，第一个文物出土现场保护移动实验室的研发，大陆第一家敦煌学专业学术期刊《敦煌研究》的创办，《敦煌石窟全集》第一卷《莫高窟第 266—275 窟考古报告》的完成，数字技术在全国文物单位的率先运用，“数字敦煌”大规模存储，实景超高清球幕电影，原大、原状的整窟临摹；“敦煌重彩”新壁画创作，世界文化遗产地科学管理……从无到有，几代莫高窟人就是以“舍身饲虎”的精神开拓进取，使敦煌研究院在全国文保领域的科学保护、学术研究、文化弘扬发展中填补了一个又一个空白，结出了一个又一个硕果。

“莫高精神”的杰出典范

敦煌研究院的每一个人都知道“坚守大漠、勇于担当、甘于奉献、开拓进取”的“莫高精神”，段文杰先生就是“莫高精神”的杰出榜样。

段文杰先生青年时代于重庆国立艺专求学五年，主攻国画，得到了吕凤子、陈之佛、傅抱石、李可染、黎雄才、潘天寿、林风眠等名师的真传和指导。

20 世纪 40 年代，他被张大千在重庆举办的“张大千临摹敦煌壁画展览”深深地吸引，决心毕业后就去敦煌一睹敦煌艺术的风采。不料，他一到敦煌就沉醉在敦煌壁画艺术的海洋，从此再没有了离开的念头。莫高窟像磁铁一样把他吸引住了。

段先生经历了 20 世纪 40 年代初创建国立敦煌艺术研究所、50 年代初改名敦煌文物研究所、80 年代扩建敦煌研究院等各个时期。他将一生奉献给了敦煌，为敦煌艺术临摹和研究，为推动敦煌学研究的前进，为促进敦煌石窟保护、研究和弘扬各项事业的发展，为铸就“莫高精神”，作出了重大的贡献。

抗日战争胜利之后，国立敦煌艺术研究所的多数艺术家都选择了东返回家，段先生和其他几位青年学子却毅然追随常书鸿所长西去敦煌。1947 年和 1948 年，段文杰先生刚到莫高窟不久，还与其他同事一起对莫高窟整体进行了一次编号和内容调查。迄今为止，他们当时所做的洞窟编号被

1952 年，段文杰在莫高窟 285 窟临摹

认为是最完整和最科学的。段先生长期生活在天府之国的四川，来到荒漠戈壁，其生活反差之大可想而知。当时的敦煌生活和工作条件都极其艰苦。戈壁沙漠，风沙弥漫，冬天的气温在零下 20℃左右，却没有任何取暖设备。他们当时住在破庙里，无水无电，物质贫乏。因为太冷，早上出被窝时眉毛胡子都会结霜。

50 年代，段先生成了重点批斗的对象，虽然没有“戴上帽子”，却被降了六级工资，株连妻子也丢了工作。白天让他进洞临摹，晚上罚他参加重体力劳动。他就是在这段时期完成了第 217 窟的《西方净土变》的临摹。1958—1959 年，段先生和其他几位老先生整天都在劳动。农业劳动是艰苦的，最艰苦的是他们被安排去石窟加固工程，搬大石头。平时还要每天清洁厕所，冬天厕所的粪便结冰，还得用铁锹甚至钢钎清理。这样的重体力劳动一直持续到 1963 年，省里派来了工作组进行调查，对段先生的问题做了平反处理，恢复了他的职务和工资。

在极不公正的境遇之下，段先生遭受着精神和生活的双重压力。但他凭着坚忍的性格和无私的胸怀，始终没有倒下，仍坚持自己热爱的临摹。他说自己只要进了洞，就会全然忘记了烦恼，内心一片平静。

“文化大革命”时期，段先生再一次受到冲击，他被批斗，被除名，最后下放农村。但是他坚持思考和研究艺术与美学。等到后来落实政策、他又回到敦煌文物研究所时，他关于敦煌艺术的文章一篇又一篇地发表了出来，这些成果都是他在最困难的时期做出来的。

50 年代，段先生担任过一个时期的代所长，他主持的临摹工作做得有声有色。80 年代初，段先生接替常老，任敦煌文物研究所的第二任所长。他不仅具有坚实的国画基本功，在敦煌壁画临摹和敦煌艺术研究方面有很高的专业水平，而且有较强的行政工作能力。更难能可贵的是，他在工作中能坚持原则，不计以往个人得失。“文化大革命”期间难免会形成一些矛盾，但是段先生总能以宽广的胸怀积极化解研究所同人在历史上形成的矛盾和隔阂，调动全所积极性，把敦煌保护、研究、弘扬各项事业提升到新的高度。

段先生于 1984 年出任敦煌研究院院长，这个时期也是敦煌艺术临摹的黄金时期。在段先生的组织领导下，敦煌研究院老中青三代美术人员结合整窟临摹复制了一批洞窟，在国内外的展览中尽显敦煌艺术之美。

段先生特别重视敦煌石窟的保护工作，在他的倡导下，有损壁画的印稿法临摹被禁止，只能用面壁写生法临摹；在他的主持下，1987 年莫高窟被联合国教科文组织世界遗产委员会批准列入《世界文化遗产名录》；也是在他的领导下，我们开展国际合作，学习和引进了国际文化遗产保护的先进理念、先进技术、先进经验，积极培养保护人才，逐步建立起自己的保护科研队伍和实验室，从过去对壁画的抢救性保护走向科学保护，从局部保护走向本体和环境的整体保护。

段先生也看到了我们在敦煌学研究上的薄弱，他接任所长后提出，要迅速提高研究水平，逐步扩大敦煌文物研究的领域，逐步拿出一批有分量的研究成果。他率先垂范，夜以继日撰写研究文章，调动老中青三代研究人员的科研积极性，出了一批学术成果，还创办了学术刊物《敦煌研究》。

段先生改变了敦煌学研究的核心主要是藏经洞文献研究的认识，提出还应包括敦煌石窟的研究。敦煌学研究中的敦煌石窟研究，也逐渐成为显学，越来越多的国内外学者参与其中。段先生带领敦煌研究院的学者以及全国敦煌学界学者共同努力，改变了“敦煌在中国，敦煌学在外国”的状况。

段先生格外重视讲解员的培训。那时候敦煌石窟已经正式对国内外游客开放，段先生认为必须做好讲解。没有讲解，游客既看不懂，也看不好，敦煌的讲解员还要能够运用不同语言给外宾做讲解。20 世纪 80 年代初，研究院招聘了一批年轻人当讲解员，段先生还亲自为他们讲课，也安排我和其他专业人员给讲解员讲课，后来慢慢在敦煌研究院形成学者为讲解员授课的制度。学者们把自己的研究成果介绍给讲解员，以提升讲解员的知识水平。与此同时，还要求每个讲解员要掌握一门外语。敦煌石窟自 1979 年开放以后，接待效果较好，受到游客的好评。

到 20 世纪 80 年代中期，也是在段先生的努力推动下，日本政府无偿捐赠建设了“敦煌石窟文物保护研究陈列中心”（即博物馆）。他还积极推动到日本、法国、印度等国及中国香港和中国台湾地区举办敦煌艺术展，每次还要配合展出做不同内容的敦煌讲座，使敦煌艺术的对外影响不断扩大。总之，在段先生主持敦煌研究院工作期间，敦煌石窟的保护、研究和弘扬各项事业迈上了一个很大的台阶，极大地推动了中国敦煌学的发展，使敦煌这个边远地区的小城为世界所瞩目，这段时期是他人生最辉煌的一页。

很多人都知道段先生的一个梦。20 世纪 90 年代初，他在病榻上做过一个与敦煌飞天相遇的梦，那个梦太动人、太美好了！后来，他退居二线任名誉院长后，住到了兰州他儿子那里，据他儿子说他时常“闹着”要回敦煌，不愿在兰州，时常做梦还在敦煌。2006 年，他再次回到敦煌，特别兴奋，进了洞窟，精神抖擞地给陪同的人员滔滔不绝地讲解。见到我，反复叮嘱我要把敦煌石窟保护好、研究透、弘扬好！段先生的心中有着根深蒂固的敦煌艺术和敦煌事业情结，他心中爱着敦煌、装着敦煌、想着敦煌，一直到生命的最后一刻！

段先生这一代莫高窟人总是让我们想起孔子盛赞颜回的那段话：“一箪

食，一瓢饮，在陋巷。人不堪其忧，回也不改其乐。贤哉，回也！”一个人能够做到宠辱不惊、安之若素、得之淡然、失之泰然，非有至高的精神境界所不能。画画的时候就画画，喂猪的时候就喂猪，该思考美学就思考美学，该埋头种地就埋头种地，该做学问就做学问，能够处变不惊，一念不生，这真是一种“真者不虚，如者不变”的境界。

段先生说：“一画入眼中，万事离心头。”这句诗是对他安贫乐道的人格境界很好的写照。段先生曾被下放农村，为生产队养猪。没承想，段先生在农村劳动，不但与乡邻相处和睦，还自给自足。他养猪也养得很艺术。通过改善猪圈的环境，调整饲料成分和喂养的时间，几个月后，他养的猪就长得又肥又壮。段先生成了远近闻名的养猪专家。据说当地的县委书记为此专程去拜访他。

在那样艰苦的境遇下，段文杰先生依然保持着从容乐观的心态。在回忆录《敦煌之梦》里，段先生轻描淡写地描述着那段苦难的日子和伤害过他的人，大量的篇幅抄录着自己当年在农村记的笔记，密密麻麻记录的都是对敦煌的回忆和对莫高窟意义的追索。他详细记载了自己内心种种变化，竟无一字提及“恨”，也无一字述说他人之过。

《楞伽师资记》载述五祖弘忍说：“四仪皆是道场，三业咸为佛事。”段文杰先生下放喂猪的从容淡定，就是圆融无碍、应物无方的修为，也呈现了知识分子的高贵。

2011 年 1 月 21 日，段文杰先生在兰州逝世，享年 94 岁。

我们都是敦煌这棵大树上的枝叶

在人和别的事物之间通常存在着三种联系，一是环绕着他的各个事物之间的联系；二是自身和所有事物的神圣关联；三是那些和他生活在一起的人的联系。与此相应，就形成了人的三重责任、三重义务。这种责任和义务要求人处理好自己与其他人事的和谐关系。

敦煌研究院上上下下，我把他们每一个人看成我自己人生事业的同路者，无论是在任时或卸任后，我都一如既往地重视自己对于这个整体的义务和责任。敦煌文物事业之所以能取得一些成就，最重要的就是前辈倡导并培养了一支高水平的专业人员队伍，为日后的发展打下了坚实的基础。敦煌石窟的保护、研究涉及多种专业、多种学科，要做好敦煌石窟保护和敦煌学研究，取得优秀成果，人才是关键。

当了领导之后，我就更要努力理解并关心每一个人。人不能脱离社会、脱离他人、脱离集体而存在，每个人都是这个整体中不可缺少的构成，他的生命在某种程度上和这样一群人是一体的。在敦煌这样一个偏远的地方，每个人就好像是敦煌这棵大树上的枝叶，一荣俱荣，一损俱损。我自己与这棵大树是不能分离的，敦煌是我生命的重要构成，我也是它的一部分。敦煌研究院的每一个人，在他们身上表现的理想和精神，都和这个整体的理想和精神息息相关。到这里来的人都不是为了做官和发财，都是克服了各自生活中的诸多困难。从某种意义上来说，能够坚守在这里的人都是很不容易的，都值得尊敬和珍惜。

院里前些年来了一位有研究才能的武汉大学博士，在敦煌工作几年后，家人就希望他回武汉去。他自己也比较为难。一方面他舍不得研究院的敦煌学研究工作，另一方面夫妻分居两地也是个棘手的问题。加之孩子当时还寄养在外婆家，他实在没有办法照顾到家庭。我感觉他有较大的心理负担，但是他又不好意思向院里提要求，我就把他找来说："我帮你想过了，你们考虑小孩的教育，可以理解。对你而言现在有一处住房的问题很重要。我就把兰州的房子处理给你。"他一开始觉得有压力，因为当时已没有福利分房政策，兰州的房价也涨了。但我和老彭[1]商量了，留下一

① 指作者丈夫彭金章。——编者注

个人才比留下一套房子重要。我们最后以他能接受的最低价格卖给了他。他们全家起初都不同意，觉得过意不去。我认为，对每个职工来说，还有什么能比一家人安居乐业更重要呢？而对研究院来说，最重要的就是人才！

在我看来，每一个能够离开优渥的生活来到莫高窟的人，都怀着可贵的信念，也都战胜了那些世俗意义上的诱惑和欲望。对那些刚来敦煌研究院工作的年轻人，我一般不问他们的基本情况，因为基本情况我早就了解了。我问他们："敦煌很苦吧？你来了之后受不受得了，你家里同不同意？"我明确地告诉他们："年轻人有三条道路可走，一条是黄道，一条是白道，还有一条是黑道。黄道是做官，白道是发财，黑道就是做学问，在黑暗中摸索前进。到了敦煌你就只能走黑道了，没有那两条道路可走。"但是他们留了下来，也成了“打不走的莫高窟人”。这么多年来，我在一件事情上尤为坚定，那就是无论在任何时候，都要善待敦煌研究院的每一位学者和艺术家，包括每一个普通的职工。

近年来，游客数量不断增加，我曾经建议院里提高一线工作人员的补助费标准。因为讲解员的工作量大大增加，非常辛苦。我们的警卫战士要24小时执勤巡逻，保障世界文化遗产的安全，责任重大，比较辛苦，我就关照食堂一定要保证他们每顿有肉菜。有几年的大年初一，我都会到保卫处和警卫战士们一起包饺子，和大家坐在一起吃饺子、拉家常。他们不愿意我掏钱，但是我必须要掏这个钱，请大家吃顿饺子。因为我们都是“出家之人”，总得我这个年龄大的“长者”请客才说得过去嘛。

冥冥之中，是相同的志向和追求把我们这么多人引到莫高窟，引向莫高窟的保护、研究、弘扬事业，在这里替国家和人类守护莫高窟世界文化遗产。在现实生活中，难免发生矛盾，难免意见不一，但莫高窟人为了事业形成了一种特别的凝聚力。既好像一颗颗星星有着各自的轨道，又有着内在的默契和统一。

敦煌研究院经过几十年的发展，已经形成了自己的精神传统，正是这个精神传统把大家感召成为一个整体。有人说这是一个“英雄的群体”，因为他们有着对职业的忠诚。其实我觉得莫高窟人是这个时代的“另类”。老一辈人 50 年不走，年青一代 30 年不走，现在有多少人能做到？从新中国成立到现在，埋葬在莫高窟的总共有 27 人。这些人都那么有才，都那么有学问，为什么不离开？哪里没有这儿的吸引力大呀？但他们就是舍不下这几百个洞窟，最后把一生都留在了这里，永远留在了这里。每一个人就像大树上的枝条，枝条和整棵大树一起向上成长，他们共有一个树干，共有一个根基。只有这样，才能像沙漠中的胡杨，才能努力从贫瘠的荒漠里吮吸大地的水分和养料，共同沐浴晨光，目送晚霞，共同抵挡着风沙和岁月的侵蚀。

我沾了莫高窟的光

在敦煌和在其他地方工作，同样是做文物的保护和修复工作，但意义不尽相同。因为敦煌特别重要，特别脆弱，也特别有名，全世界都关注这个地方。所以我们这些为敦煌石窟服务的人，沾了敦煌的光。

我过去的大学同学中，比我聪明的有的是，比我有能耐的也有的是。今天我能有一点成就，这不是我这个人有多大本事，而是因为我在敦煌这个人类绝无仅有的遗产地，因为我们为文化遗产做了点事情，为敦煌的保护、研究、弘扬和管理做了点工作，这些工作符合全人类共同的心愿，而得到了大家的认可。我活到现在这个年纪，明白名利这个东西其实是虚的，人都是要死的，死的时候什么都带不走。但是，你来到世界上，该做的事做了，尽到了你应尽的责任，出了你该出的力，你没有愧对祖先和前辈交给你的事业，你可以坦然地说：“我为敦煌尽力了！”这就是最大的幸福。

1965 年，樊锦诗与彭金章在莫高窟留影

人活的是一种精神，虽然有的人可能觉得这个很虚。我不是说物质就全部可以不要，但是精神还是最重要的。因为只有有了精神，才能有创造物质世界的可能。

我想是命运给我这样一个机会，让我到敦煌这个地方来，不是来当什么“头头”，而是要切实地把莫高窟的保护、研究、弘扬和管理工作做好，否则对不起国家，对不起创造文化遗产的老祖宗，也对不起开创敦煌事业的前辈。常先生和段先生把敦煌这份遗产交给我，我就要把它管好，要好好善待它。能为中华民族和人类文化遗产做一点有益的事情，我觉得很有幸。天命也好，国家也好，民族也好，这个机会是非常难得的，因此绝不能大意，绝不能做坏了，做坏了就是罪人，再难也要坚持住。

另外，还有老彭的支持。当初老彭来到敦煌，我最怕他彻底改行无事可做，那样我就有愧于老彭。但是他在敦煌找到了他自己的工作，发挥了他的价值。我原来怕他待不下去，他却越来越喜欢敦煌，叫他去北区考古，他就高高兴兴地去了。每天像民工一样，一天下来满身都是土，一身的土腥味，最后把考古报告做出来了。如果他在武汉大学早就该退了，但是在敦煌他找到了新的兴趣和方向。没有老彭调来敦煌，没有老彭相知相伴，我想，我也不可能坚持下去。

我总想，上天赋予我们生命，活在这个世界上，应该为这个世界做点事。从北区一路看过来，十六国、唐代、西夏、元代……现在还能看到一堆堆枯骨在那里，多少历史的过客！人类历史何其漫长，宇宙那么有限，人只是宇宙的一个瞬间而已。

守护敦煌的究极意义

我觉得世界上有永恒，那就是一种精神。

不管你是西方人还是中国人，是大人还是孩子，是教授还是普通人，人都应该有种精神。为什么说精神比物质更重要？物质坏了可以再造，精神坏了就无药可救了。抗战为什么会胜利？论物质和枪炮，跟人家无法相比。中华民族的子子孙孙，就是坚决不当亡国奴，大家齐心协力让中华民族坚强地屹立在东方，我想这就是精神力量的胜利。我们国家要发展，就靠这个精神。我们还得有这么一点精神，这个国家才有希望。

这么多人来到敦煌，守护莫高窟，每天都要和佛经、佛像照面，他们的精神来自对敦煌石窟艺术的热爱和对这份事业的执着追求。这个追求的过程在某种程度上和佛教徒的信仰非常相似，因为这也是一个需要“布施、持戒、忍辱、精进、禅定、般若”，需要不断超越、获得智慧的过程。

佛教的布施有“财布施”“法布施”“无畏施”。如果从佛教“布施”角度来看的话，敦煌莫高窟的保护事业，超越世俗的名利，在困境中保持从容，也是一种“法布施”和“无畏施”。敦煌在西北荒漠，远离城市的繁华。莫高窟是一片净土，是不可复制的人类遗产。在此工作的人肩负文化的使命，需要很高的修养，有为有不为，是为“持戒”；莫高窟人坚守着大漠，在这个过程中还可能受到指责，有时还可能要应对不公正和不合理的待遇，是为“忍辱”；凡是对莫高窟有利的工作，当仁不让，尽力去做，是为“精进”；画家们几十年如一日地临摹壁画，专注于线条和笔触，以守一不移的心态应对快速发展的世界和外界的诱惑，是为“禅定”；博览群书、提升学识、涵养心性、磨炼心智、度化方便、圆通万事，从个体人生的无明和烦恼中走向智慧和觉悟的人生，不正是“般若”境界的追求吗？

敦煌莫高窟的保护、研究和弘扬工作，是一个漫长的过程，是一项艰巨的、复杂的、带有挑战性的、永远没有尽头的事业，需要不断地开拓、探索。这不是几代人、几十年所能完成的事情，需要世世代代不断地为它努力，不断地为它付出。

莫高窟人的墓地在宕泉河畔

宕泉河畔安葬着常书鸿、段文杰两位老院长，还有敦煌研究院早期的同人。每年清明，全院上下都会去宕泉河畔扫墓。

第一个安葬于宕泉河畔的是李仁章。他是一位年轻的雕塑家，曾经在延安鲁艺任教，研究所把他借调来临摹莫高窟唐代洞窟雕塑。1964 年，莫高窟南区崖体和洞窟正在进行加固，搭起了高高的脚手架。当时传来了我国第一颗原子弹试爆成功的消息，李仁章情绪十分激动，加之部分脚手架还没有绑好，他一不小心踩空摔了下去。当时从外表看什么伤口都没有，大家马上把他扶起来送往医院，路上他还一直说自己没事。结果没想到是内出血，当时敦煌的医疗条件很差，他就这样一直出血，几个小时后就去世了。他去世的时候只有 32 岁，非常可惜。我们最后把他安葬在宕泉河畔的山坡上。

第二个安葬于宕泉河畔的是许安。她生于 1936 年，原本在铁路上工作，为了解决与丈夫的两地分居问题，60 年代调到敦煌文物研究所来当会计。她是两个孩子的母亲。同样是因为敦煌医疗条件的落后，她两次剖宫产引发肠粘连，最后死于肠梗阻。她走的时候是 1976 年 10 月，我记得特别清楚，我陪着她的丈夫李先生坐着敞篷卡车送她到 300 多公里外的玉门去火化，取回骨灰后在宕泉河畔安葬。许安离开的时候也才 40 岁。她和李仁章都死于医疗条件的落后，令人惋惜。

常书鸿先生 1994 年逝世，我们在宕泉河畔为他举行了隆重的安葬仪式。段文杰先生 2011 年逝世，同样安葬在宕泉河畔。

这以后就有老同事问我，他们走了以后是否可以埋在宕泉河畔。我到敦煌的时候，算我在内研究所共有 48 名职工。后来有的人调走了，有的人去世后葬在了别处，有的人还健在。现在的研究院已有近千名职工，如果每个人都葬在宕泉河畔，根本没有这么大的地方，更何况国家已经出台了规定，文化遗产地不能作为安葬的陵园。为此，我们甚至还考虑过要不要把现有的墓统统迁走。最后经商议决定，常书鸿、段文杰等老前辈一生奉献于莫高窟，已长眠于此，人数不多，为了永远学习和纪念他们的功绩和精神，他们的墓都不迁。但地面上已有的坟头都要符合规定，常书鸿、段文杰两位先生用立式墓碑，其他前辈用卧式墓碑，以后葬者不再起坟头，不再用立式墓碑。1966 年前到研究院工作的人员并不多，可安葬在宕泉河畔；1966 年以后来的工作人员越来越多，就不能埋在这里。经过这样处理的墓地，是为了保护莫高窟作为世界文化遗产的整体风貌，游客从远处根本看不到这片小小的墓地。

在宕泉河畔长眠的人中，有许多钻研业务的学者。霍熙亮先生，国立艺专毕业，是 1946 年跟段文杰先生同一批到敦煌的。他也是学美术出身，既会临摹也能搞研究，尤其对壁画时代的判断很精准，还善于用考古方法发现一些我们不知道的经变，为人特别谦虚。贺世哲先生，1930 年生人，80 岁去世，一生治学严谨，对敦煌石窟图像和时代有深入的研究，有不少突破。孙修身先生，1935 年出生，2000 年因为心脏病去世，他致力于佛教史迹画和中外文化交流研究，有新发现和自己的创见。

也有手工技艺突出的工匠前辈。窦占彪师傅很聪明，是非常好的一个人。当年常书鸿先生到敦煌成立艺术研究所的时候，窦师傅就在了。几乎每个洞窟都离不开窦师傅爬上爬下修修补补。有的塑像离开了墙，是窦师傅想办法重新固定好，使塑像恢复了原位。我曾经请窦师傅帮忙砌一个灶，砌好后他也不坐下歇会儿，连一杯水都没喝就走了。提到敦煌石窟的保护工作，不能忘了窦师傅，他很了不起。李复师傅也是敦煌的“老人”，张大千来敦煌临摹壁画的时候他好像就在，是一位老资格的裱画师。他个子大、胳膊长，裱画技术非常好。

还有很多老前辈，比如范华，他也是国立敦煌艺术研究所一成立就来了，为人憨厚老实，后来在行政办公室工作，一生奉献给莫高窟的保护事业。吴信善是园林工人，他来以前我们单位的绿化工作没有系统规划，树木种植比较零散。他对树木非常爱护，把绿化搞得很好。我们见了这些前辈都特别尊重，敦煌研究院事业的开创离不开他们的付出。

其他安眠于此的老前辈还有李其琼、潘玉闪、赵友贤、张学荣等。敦煌研究院的前任书记刘鍱也在河畔落葬。他是一位好干部，非常尊重知识分子。刘书记去世的时候才 60 岁，非常突然。他有心脏病，但平时没注意心脏的问题。敦煌的冬天非常寒冷，医疗条件差。有一天晚上，他突然给我打电话说感觉很难受，我就马上打电话叫救护车。因为是深夜，路不好走，救护车用了一个多小时才到莫高窟。人最终没有救回来。每次想到刘书记，我心里就特别难过。

宕泉河畔还葬着几对夫妻：常书鸿和李承仙，段文杰和龙时英，史苇湘和欧阳琳。段先生夫妻的合葬给我留下了很深的印象。段先生的妻子龙时英原本是四川省某小学的正式教师，他们夫妻两地分居十余年，龙老师终于经文化部调来敦煌。那时候段先生在运动中受冲击，被扣了工资，龙老师一到敦煌就被株连下放。我第一次到敦煌实习的时候，正好与段先生家是邻居。龙老师对段先生很好，我经常看到她背着背篓捡梨树叶，为了喂养兔子补贴家用，照顾丈夫和儿子。“文革”开始后，他们一起被下放到敦煌农村，段先生干起了喂猪的工作，两个人相依为命。1972 年落实政策后终于可以回到单位，他们有说有笑，感情比从前更好了。龙老师的身体不太好，1984 年就走了。她下葬的时候段先生哭得异常伤心，段先生给妻子写了一封信，放入墓坑里。段先生 2011 年去世后，他的儿子希望将父母合葬。为龙老师移墓时，我特意叮嘱工作人员一定要留意找到那封信。后来我们又把那封信重新埋进了他们合葬的墓穴里。

宕泉河畔的老先生、老前辈们大多高寿，很多人感到不解，为什么生活条件这么艰苦，还能如此高寿？我想那是因为他们心无旁骛，守一不移。一辈子心里只想着一件事，画画就画画，研究就研究，纯粹地去钻研业务，心态自然不一样。

我觉得我能把一生奉献给敦煌莫高窟的保护事业，能够为这样一个绝无仅有的人类最伟大的文化遗产服务，非常幸运。如果还有一次选择，我还会选择敦煌，选择莫高窟。

衰老和死亡是自然的规律。其实真正让人感到悲哀的是人生有许多遗憾无法弥补，真正让人感到恐惧的是不知心归何处。死亡会使我们无可奈何地告别生命中那些有价值的事物，使我们放下那些饶有趣味和意义的事业，使我们再也没有机会重新来过，所有你所喜欢的、不喜欢的，留恋的或者厌弃的全部都将离去。

我以前听过一个关于死亡的故事。古罗马有一位贤士，在他即将被暴君处死的前夕，依然保持着从容和镇定。行刑之时，他正在下棋，他既没有痛苦地抱怨自己的命运，也没有恐惧，甚至没有乞求怜悯和赦免，而只是对着要处死他的人说，自己刚才在棋局中领先一子。他借助棋局的领先一子，告诸世人他不仅赢得了比赛，而且赢得了人生。在通往行刑的路上，有人问他即将赴死的心情，他说自己已经准备好了去观察死亡到来的那一刻，以便了解在那个时刻，灵魂是否会意识到他正在离开身体。这就是他面对死亡的态度，这样的一种人能够一以贯之地保持着暴风雨中的安宁。

相似的故事在中国也有，比如嵇康。嵇康这个人长得很美，《世说新语》中记载他身长七尺八寸，风姿特秀。时人说他“龙章凤姿，天质自然”，山涛说他“岩岩若孤松之独立”，“其醉也，傀俄若玉山之将崩”。他的书法和他的人一样美，“如抱琴半醉，酣歌高眠”，“又若众鸟时翔，群乌乍散”。嵇康弹琴，和他的生命追求融为一体。他40岁被司马昭杀害。据记载，他临刑东市，神气不变，顾视日影，索琴弹之，奏《广陵散》，曲终长叹说：“《广陵散》于今绝矣。”嵇康的音乐和生命合二为一，升华为崇高的人格境界和审美境界。叶朗教授说，嵇康这样的大艺术家在生命行将结束的那一刻，用自己的崇高人格和生命创造了诗意的人生境界，为中国美学的人格之美定下了一个绝对的高度。

本文作者樊锦诗

面对死亡，只有那些确信自己已经发现并且得到生命中最有价值之物的人，才会具有这样的从容和勇气。正如王阳明临终前，学生问他还有什么心愿，他留下了八个字：“此心光明，亦复何言？”

我已经80多岁了，总有一天会走的，我已经做好了准备。聊以欣慰的是，我兑现了自己的承诺，我为莫高窟尽力了！

（顾春芳　整理）

纪事

1949年前后全国学联的几次重要活动

黄振声 *

参加东南亚青年大会

1947年6月，全国学联在上海成立，总部设在上海，成立了办事领导机构，发表了告全国学生的宣言，并且在国际上同国际学联联系。9月左右，组织上通知我，进步学生组织世界民主青联、国际学联准备1948年在印度加尔各答召开东南亚青年大会，中国将派出全国学联代表参加这个会议。在这个会议上，要揭露国民党的反动独裁统治，大力宣传中国的进步学生运动和解放区的进步行动，包括与国民党的斗争，宣传中国争取民主富强的行动和主张等。领导通知我带这个团，并让我们先到香港做筹备工作，参加会议的经费、护照、证章等要求我们自己负责准备。那时我才22岁，没出过国，更没参加过国际会议，但当时信心很足，要搞就一定搞成。就这样，1947年9月前后，我们乘船去了香港。

当我即将离开上海到香港时，一天晚上我在家里休息，11点多钟，

* 黄振声，当时负责全国学联及上海学联工作，后曾任香港中国通讯社社长，香港中旅（集团）有限公司董事长，系新政协筹备会代表（因故未出席）。本文根据中国政协文史馆征集的作者生前录音稿整理。

我家外面的铁门突然间被敲得很响，还有喊叫声。我一听就知道这一定是国民党特务来了，拉上我妹妹吴英——那时候她已是地下党了，在搞地下学生运动——马上从楼上冲下来，经过一个弄堂，到后面一个双层的空楼。楼里一层是生产油毛毡的车间，我们就冲进这个楼里，从楼梯爬到二层去。那时国民党特务已经将外面铁门撬开了，冲向我们爬的那个楼。我爸爸出来把柏油洒在路上，告诉他们：这里是车间，生产油毛毡的地方，你们没看见吗？特务当然看见了，但还要搜查，打着电筒沿着楼梯上来。我们本来准备拉开二楼的门，冲到晒台，然后爬到屋顶上的，可来不及了，只能躲在二楼楼梯间的后面隐蔽处，看着楼梯上特务们手电筒的那个光一步一步照着上来了。但是特务们也懒惰，楼梯上了一半，照了照，看见上面没什么就回去了。如果他们上来再一照就危险了。我听到特务已经走掉以后，便拉上妹妹打开向晒台的门爬上二楼屋顶，以防特务再次进来搜查。等周围安静以后我们才从屋顶上下来，但不能回家，就躲在后面隔着篱笆、堆东西的空闲地方，一直到第二天清早才离开，找安全的地方躲起来，几天后便去了香港。这是我去香港前比较惊险的一幕，差几分钟就被抓去了。

我们到香港一行共6人，都是二十二三岁的年龄，大多是党员，只有一个是来自南京的民盟成员。当时我们既没有经验也没有经费，组织上让我们自己想办法。从香港到加尔各答，来回要坐飞机，需要很多钱，但更重要的问题是没有证件，要弄国民党的护照和印度的签证，困难很大。我们想，首先要从去过东南亚的人那里了解情况，与他们座谈，再请对印尼、印度、马来西亚、缅甸等国家熟知的专家来介绍情况。我们向章汉夫、乔冠华等老同志请教，他们说很困难，要做好不能去的准备。没有钱，我们就以各种方式、名义向家里人要。其中有一个人家里比较有钱——是一个大资本家，我们就想出一个主意，说是人已经到了英国，要在那里读书，需要英镑，请家里寄到伦敦去。他父亲就相信了。我们再通过关系把钱从英国转寄到香港。我们每人都想办法从家里要，当然其他人要到的不是很多，主要是这位同学家里的支持。到 1948 年上半年，证件问题还没有解决，这个非常难。我们到处打听门路，连偷渡的方法都想到了，但都行不通。后来，通过跟泰国进步人士接触了解到，中国人从香港飞泰国不需要证件，只是到机场后需要给工作人员塞钱。等进入曼谷后从国民党政府驻曼谷大使馆想办法弄到护照，再从印度驻曼谷的大使馆搞到签证。这一条路比较有希望，后来我们就是走的这条路。1948 年的 4 月或者 5 月，我们从香港飞到曼谷，在机场塞了钱后进了曼谷。我们在曼谷得到进步华人的帮助，把自己化装成商人，又编了很多故事，我跟张毓芬还扮成了夫妇。就这样，我们在国民党驻曼谷的大使馆拿到护照，然后到印度使馆取得了签证，再从曼谷飞到加尔各答，最终就这么到了加尔各答。

我们在香港提前准备好发言稿、报告。翻译车慕奇是地下党员，英文比较好，由他把报告翻译成英文。这些材料的内容主要是高举反帝反封建旗帜，介绍解放区的情况，反对国民党压迫。

加尔各答的会议很成功，东南亚国家进步青年都派代表团参加了。这个会议高举反帝、争取独立、自由民主的旗帜，影响很大，震动了整个东南亚。会上，大家纷纷发言介绍了东南亚各国反对殖民统治、争取独立自由的斗争。会议高举民族英雄旗帜，中国的孙中山、毛泽东，印度的甘地，还有缅甸、印尼的民族英雄等，都写进了会议的文件。当时还发生了一段插曲，谈到印度的民族英雄时，一部分印度学生提出甘地和鲍斯两位。甘地，大家都知道是民族英雄。鲍斯是印度激进独立运动家，会上有争论，一些代表不同意写鲍斯。我们也认为鲍斯不应写，印度只写甘地就行了。在会上，印度的进步青年与支持另外一种思想主张的青年发生了斗争，印度代表团就分裂了。后面斗争很尖锐，不仅游行示威，还发生了冲突，那些反对的青年甚至冲击会场，冲击国外代表团住的地方。

印度当地进步青年就把我们带到了加尔各答的一个解放区或者红区，就是工人力量很强的地方，从这个地方上船回来的。虽然发生了这么一个插曲，但整个会议是很成功的，它是在世界民主青年联合会、国际学联等进步力量推动下召开的，国际上来的很多都是当地共产党领导的进步青年和学生团体。我们代表中国，用的是全国学联代表的旗号。据后来很多人反映，这个会议在当时很有影响力，得到了许多国家领导人的支持和重视。

会议结束了，要回来了，钱花光了，怎么办？后来想到一个办法，跟着缅甸参加会议的青年学生先去仰光。因为坐船去仰光比较便宜，可以坐比较差的舱位（也叫统舱）去。他们说，你们到仰光以后，我们再筹钱，让你们慢慢回香港。我们就是从加尔各答坐大船，睡在甲板上到了仰光。到仰光后，除了当地的进步青年学生支持我们的活动以外，当地进步爱国华人团体也密切配合我们，安排我们吃住和开会，为当地华侨青年作报告。我们的代表团还搞了一个大型图片展，介绍国统区学生运动。缅甸吴努总理专门接待我们中国学生代表团，给了我们很多鼓励。我们还唱歌——那时候我灵机一动说，我们唱《义勇军进行曲》，大家就一起站起来唱《义勇军进行曲》。

我们在仰光做了一次很好的宣传工作，影响了很多进步华人青年，后来他们中很多人回国来参加建设新中国的工作。我记得那时缅甸已经有共产党了，还请我们去交流。那时候我因为生病，我们派代表到了缅共领导的解放区。这时经费还是比较紧张的，泰国的进步青年杨通（音）介绍我们从仰光飞曼谷，这样比较省钱，而且到了曼谷还可以继续做工作。我们到曼谷后，进步力量就更强大了。当然，南阳中学、中华中学都是进步力量很强大的中学。侨团里更是有很强的力量，有进步的报纸，中共在那边也有公开的代表。这样我们在曼谷待的时间就比较长，开展活动更多，搞展览、搞演讲、搞访问，接触了更多进步的华人学生。这里面不少人在

1948 年、1949 年经过香港回国，他们作了很多贡献，加入了党组织，很多人后来成了离休干部。我们在曼谷工作了很长一段时间，后来东南亚形势发生变化，掀起了反共逆流，泰国形势很紧张，当地同志就劝我们尽快回香港。我们最后离开曼谷时是化装到机场的。回来后不久曼谷发生了变化，进步力量退到了云南边境。

从香港秘密前往解放区

1948 年 6 月，从曼谷回到香港后，我担任了香港学联办事处主任。那时学联办已有一定的基础，集中了一大批在国统区、各个城市搞学运的骨干、领导成员。这些人是因为在国统区暴露待不下去撤到香港的。我们当时的工作一方面是出版刊物，中文的、英文的都有；一方面是做联络工作，主要宣传解放战争的大好形势，揭露国民党反动派的统治，宣传新中国即将到来。大概在 9 月至 12 月间，陈云同志又指示我，为迎接全国解放，要组织一大批民主人士到东北去，筹备召开政治协商会议，决定派我做全国学联的代表，参加政协筹备会。从香港走一条新的路线，经中国香港—韩国仁川—山东解放区再转到大连。那时大连在苏军的管辖下，我们党的负责人是半公开的。去的时候我们扮成商人，带着伙计，互相不交谈，由我做负责人。我们这些参加会议的人要求保密，不能透露行踪，把秘密文书缝在身穿西服的较隐蔽地方，如衣肩、袖子等处，到山东拆一个，到大连再拆一个，用来跟当地党组织负责人联系。从仁川到大连有轮船，船舱很小，宽度只有四五米，从左至右可以躺七八个人。船在海上要走两天三夜，风浪很大，十分危险。当时护送我们的两个同志用的是假名字，到现在我也不知道解放后他们到了哪里，以后再也没有见到。到了大连之后，接头的同志跟我讲，因为要住在商人集体住的大厅里，每个房间是用木板隔开的，彼此接触来往容易暴露。为了做好掩护，护送的同志需要先走，他嘱咐我根据工作需要，赌博不得不参加，因为那时不赌博就不像商人，要尽量少输多赢，因为输了花的是组织的钱，赢了上交给组织；但一定不能嫖娼，因为共产党员不能这样做。

讲起这次行程，还有一些难忘的经历。从韩国仁川本来要先到山东，后来当地同志说有船可以直达大连，这样快且危险少，就决定让我们直接走，坐某一要客去中国的船，但出发是秘密的，要晚上偷着上船。这个船表面上是开往丹东的，到了海上却转向大连。一天半夜，我们上了一个小船，开动时被韩国的警察船发现了，追上来就把我们五六个人抓住了。韩国警察怀疑我们的商人身份，押回仁川问讯的时候，还用棍子打了其中一人，把我们吓呆了，但实际上他们是为了索要钱财。当时我们几个人咬死说是商人。组织很快就知道了，花钱把我们赎出去了，并安排我们继续去大连，但需要等一段时间才能出发，这样我们在仁川住了一个多月才成行。最后偷偷上了船，这次没有再发生问题。这条船很小，我们几个人都晕船，晕得爬不起来，没有力气吃饭。我们睡在窗户下面，七八个人像沙丁鱼一样并排躺着，因为晕船有时就直接呕吐在枕头边上。船在海上颠簸了两天三夜后，我们才抵达大连，心情很激动。

当时大连的党组织还不是公开的，但幸运的是，我们与中共大连地下党负责人欧阳钦同志取得了联系。欧阳钦住在一个别墅里，不完全公开。我们先跟他派来的秘书见面，又分头见另外一位同志。欧阳钦让我先在大连住下，说是沈阳快解放了，等解放后就直接去沈阳，其他已先到的民主人士在哈尔滨，以后也会到沈阳去。实际上，我在大连住了一个多月，1948 年底才到了沈阳。

这里还要说一件事：在仁川第一次偷偷上船时，装行李的皮箱提前被送到了船上，人要到晚上才能上船，因那次上船没成功，行李就先到了大连。仁川的同志告诉我，到大连之后去一位地下党同志家里取行李。后来我从他家里拿到了皮箱，里面的东西一点没缺少，可见地下党的交通是那么严密和细致。

在大连这段时间里，我主要是在招待所休息，也看看解放区的报纸。

去沈阳时正值冬天，天气很冷，我们坐的是运货的卡车，车里挤了不少人，有些是老百姓，有些是搞运输的同志。路上走了两天两夜。那时东北的冬天灰尘大，我们满身满脸都是土。记得有位从山东来的姑娘带了一大包东西，吃的好像是糖果，后来大家好奇地问她吃的是什么，她说是大蒜，一路上吃生大蒜，一直吃到了沈阳。

我在沈阳待了两个多月。当时，抵达沈阳的民主人士都住在铁路宾馆，大家在等待全国解放形势进一步发展，准备从沈阳到北平筹备召开新政协会议，举行开国大典。那段时间，党中央委托东北局招待大家吃好、穿好，可以说是三天一小宴，五天一大宴。同时给每人做了毛料中山服，做了狍子皮的大衣，发了鞋，还发了生活费。

到沈阳第二天，沈阳特别市军管会主任陈云同志在办公室就接见了我。后来东北局书记高岗也单独找我谈了话。在东北，我与民主人士也有一些来往。我记得，李济深先生爱打台球，球技不错。我以前没打过台球，李先生就教我怎么拿杆、怎么打球。我还找很多人聊天，如蔡廷锴、许广平，周海婴也跟着妈妈许广平来到了沈阳。除了周海婴比我年轻外，其他都是 40 到 60 岁的人。

1949 年 1 月下旬，东北局在沈阳搞了一次集会，多位民主人士在会上发了言，我代表全国学联也作了发言。民主人士的名字都登报纸了，就是用这种方式公开了民主人士到解放区的消息。

参加世界青年联欢节和国际学联代表大会

东北学联的两个代表先要到北平去筹备召开全国学联会议，那个时候我知道张毓芬已到了北平，就托他们带了我得到的第一本《毛泽东选集》

给她。这本选集是在东北印的，是精装的，应该说在当时是很珍贵的。我在这本《毛泽东选集》上写上我的名字和祝福的话，托他们带给张毓芬，很有纪念意义。

在沈阳两个多月的经历，我认识了很多为新中国奋斗的党外民主人士，名列“七君子”来到沈阳的就有好几位，如沈钧儒、史良、沙千里、章乃器等，他们的革命功绩很大。对我而言，在东北的这两个月，不仅过得舒服，而且增长了不少见识，知道了很多革命斗争的情况。

1949 年二三月间，我先于其他民主人士从沈阳坐火车来到北平。1949 年 3 月至 5 月，我在团中央参与了两项重要工作：一是筹备召开中华全国学生第十四届代表大会，二是筹备召开中华全国青年第一次代表大会。两个大会由党中央直接领导，重要报告都经过了任弼时同志审查。那时很多国统区还没解放，在长江以南的一些地方也派代表来参加。我见到了在上海搞学生工作的同志，也见到了香港学联办事处的同志，大家在北平会师了。这两次会议是在人民政协召开前和中央人民政府成立前举行的大活动之一，为迎接新中国成立做了准备。

中华全国学生第十四届代表大会会场

中华全国青年第一次代表大会会场

后来我被派到全国学联联络部（很多地方写国外部）当部长，给我配了两名干部，部里一共 3 个人。当时，要在匈牙利举办世界青年联欢节，在保加利亚召开国际学联代表大会，党中央决定派出一个大的代表团参加，共有 100 多人。联欢节分为两部分：一部分是文艺表演，另一部分是举办大学生运动会。郭兰英、王昆等一些知名演员参加了联欢节的表演，文艺队领队是李伯钊同志。那时候还没有条件组团去参加世界大学生运动会，只能派出一个篮球队。篮球队是由北大、清华还有天津高校中挑选的十几个篮球打得比较好的大学生组成的，并临时抽了清华一名体育教师做教练员，也没有领队，就这么出发了。从北平坐火车至哈尔滨，在哈尔滨休整两三天后，再到满洲里坐去苏联的火车，经过西伯利亚一直到莫斯科，从莫斯科再转车到布达佩斯，走了 10 多天。代表团团长是廖承志，副团长是萧华、韩天石，秘书长是陈家康。廖承志因为忙，由萧华代团长带队。

上了火车，在去哈尔滨的路上，代表们说篮球队没有领队，就找到我当领队，我也就毫不犹豫地接受了。因为翻译很少，代表团没有再给我配备翻译，让我自己去闯。到了哈尔滨下车，休整了两三天，我把篮球队集中起来训练，然后再出发。一路上，看到西伯利亚的车站很破很脏，老百姓穿得也不太好，说明当时西伯利亚的经济状况还比较差。

就是在这种情况下，我们到达了布达佩斯。整个文艺队集中到一个地方，我带着篮球队住在另外一个专门酒店，单独活动。我们这支篮球队就是大学生的水平，谈不上是半职业、职业篮球队，但大家积极性很高。据说，新中国第一次派出运动队参加的国际比赛，就是1949年5月我们篮球队参加的比赛。

其后，由吴学谦同志带队，我们一行到保加利亚的索非亚参加了国际学联代表大会。会议结束后，从莫斯科坐火车再回北京，回来已经是10月以后，没赶上参加新中国成立的庆典。

回国后，组织上派我带队去南方作报告，先到上海，然后到苏州、无锡、南京等地。我们介绍了国外情况，各地领导很感兴趣，再回到北京已经是1949年11月了。1949年12月，我与张毓芬同志举行了婚礼。北京冬天的天气很冷，我们穿着厚厚的棉干部服办的婚礼，前来参加的同志有一二百人，大家在一条红色缎面上签名留念。婚礼办得很热闹。

1949年成立了全国青联，廖承志担任主席。当时全国青联办公室只有3个人，我是办公室秘书。那时候也不知道怎样干工作，反正先把牌子挂起来。整体思路是考虑工农兵学以外的青年工作，比如工商界的青年、少数民族的青年、宗教界的青年、社会青年（街道青年）。因为新中国成立之初，社会上许多青年没有工作，他们希望有学习、工作的机会，希望有人组织他们，不然他们很苦闷，没有出路，看不到前程。那时候我们做了大量工作，一旦把这些街道青年组织起来，他们就很有积极性。他们可以学习，可以为社会、街道做事情，这样就可以慢慢了解他们，然后逐步把他们输送到工作岗位上去。这个数字在1950年、1951年的时候是相当大的。我们慢慢摸透了哪些青年应该作为青联的工作对象，团中央主要做工农兵学等青年的工作，我们就做这之外的青年工作。全国青联办公室

本文作者黄振声

的组成人员从开始的 3 人，后来增加至 20 多人。在廖承志同志直接领导下，青联的工作逐步打开了局面。我那时候经常跑到他家里汇报工作。后来我们还办过一份交流青联工作经验的通讯，里面很多重要稿子都是廖承志同志亲自阅改的。这段时间，我和廖承志同志工作很密切，虽然他很忙，有统战工作、青年团工作、外事工作，但他还是花了很大精力直接管青联。这段时间工作很有意义，是一个不断摸索道路的过程。

2022 年 10 月

（扈增林　徐濯非　整理）

纪事

回忆1964年周恩来主持的治黄会议

林一山[*]

1964年12月，周恩来总理在北京主持了一次全国有关专家参加的治黄会议。

这次会议的召开，据说原计划是在当年的秋季而不是在年底。会议推迟了几个月，是因为赫鲁晓夫下台，勃列日涅夫和柯西金上台，周总理要借去苏联参加十月革命节的机会看看中苏关系是否能够改善。同时，也因为正遇上要召开三届全国人大一次会议和全国政协四届一次会议，这两个大会都需要总理起草文字报告。但是，周总理还是在百忙中把治黄会议安排在人大和政协这两个会议的筹备和召开过程中。因此在近半个月的会议里，总理只有几天出席会议。出席这次会议的有中央有关部委和沿黄一些省的书记、省长与水电部的主要领导及一批学者专家，如刘澜波、钱正英、张含英、汪胡桢、张光斗、黄万里等，共100多人。

周总理知道我对治黄问题既有兴趣又有想法，而且为解决三门峡水库泥沙淤积问题已进行了实际调查，并提出了“水库可以长期使用”的新办法，所以也通知我出席了这次会议。

12月5日的会议开幕式由刘澜波主持。我记得总理未能出席开幕式，

---

* 林一山（1911—2007），曾任长江水利委员会主任、长江流域规划办公室主任、水利部顾问等职，第五届全国人大常委会委员。

水利部副部长李葆华（前左）和黄河水利委员会主任王化云（前右）在治黄工程工地视察

他是第二天才到会的。首先由黄河水利委员会主任王化云向会议谈黄委的治黄意见，以及三门峡工程问题。这样，会议期间便根据王化云的报告展开了讨论和辩论。

关于这次会议，王化云在其《我的治河实践》一书中所记较详。此书写于 20 世纪 80 年代，离会期较近，且估计他有这次会议的记录资料可查，应比我的回忆更多一些内容，至少可供参阅，故略作转述和引用。

这次会议关于治黄问题主要有三种代表性的意见：一是北京水利水电学院院长汪胡桢主张维持现状，三门峡工程不必改建，任由水库淤积。二是河南省科委的杜省吾老人，他对黄河下游作过徒步考察，且读过不少治黄史书，在会上慷慨陈词，语言激烈。他认为黄河本无事，庸人自扰之，主张炸掉三门峡大坝。三是林一山的"大放淤"。开会之前，他曾到黄河中游考察。他认为在根治黄河的方针无法确定时，用巨额投资修建大型拦泥库或者将黄水送往渤海都是不合道理的；黄河规划必须是水沙统一利用的计划，黄河治理必须立足于水沙的利用，当前就应积极试办下游灌溉放淤工程，为群众性的引洪放淤创造条件，逐步发展，以积极态度吃掉黄河的水和泥沙。

这次会议气氛活跃，思想解放，争论激烈。对三门峡工程多数人主张改建，只有汪胡桢坚持“不动”，杜省吾坚持炸坝，意见截然相反。山西省副省长刘开基会前已听说有人要炸坝，这次在会上听到炸坝是真的，中途借省里有事，竟拂袖而去。

我和林一山发言时，总理没有到场，随后他派秘书来到和平宾馆。宾馆里有一处四合院，我住在西厢房，林一山住在东厢房。总理的秘书找我说了半天，又找林一山谈了半天，分别征询了我们的治黄思想和具体意见。

会议结束的前一天，总理召集开了个小会，有钱正英、王光伟、惠中权（林业部党组书记）、林一山和我参加，再次听取我们的意见。我和林一山又把自己的观点给总理复述了一遍。我还是“上拦下排”，林主张“大放淤”。在治黄主张上，实际是两家，一家是拦泥，一家是放淤。钱正英说，共产党员在总理面前不能隐瞒自己的观点，她同意放淤观点。总理又问惠中权。惠说，水土保持还是有作用的。他赞成拦泥。计委副主任王光伟说，治黄上的事他不清楚，便投了个弃权票。

王化云的忆述基本反映了在总理主持下的这次会议的技术民主气氛和内容。总理对我和王的两种见解未作结论，要我们各自继续研究。王随即向总理提出要求，他要在黄河上游支流上建一个高坝大容量的拦泥库，在上游淤成农田，阻止泥沙进入黄河。我便要求在黄河两岸找地方进行放淤试验。总理当场同意了我们两人的要求。

这次治黄会议后，水电部很快就在1965年1月向中央提交了《关于黄河治理和三门峡问题的报告》。这个报告可以说是治黄会议的一个总结，将会上的治黄意见集中为王的“拦泥”、林的“放淤”两派，认为“放淤派是少数，但这是一个新方向”。据王所述，“当时水电部是倾向放淤派的”。同时水电部还找我和王商定，从长办、黄委、水利水电科学研究院和武汉水利电力学院抽调一批高级技术人员，成立黄河规划小组，协助黄委研究治黄方案，并指定由钱正英、张含英、王化云和我组成领导小组，领导规划小组开展工作。

当月，规划小组人员就在郑州开始准备工作。虽然水电部说规划思想不要受“放淤”“拦泥”两种方法的局限，应当各自独立思考，提供更好的思路，而实际上此次规划还是由黄委、长办各自进行自己的试验和规划。我带着长办治黄规划组的同志离开郑州，去黄河下游豫鲁二省，黄委还派了一位副总工程师参加我们的工作。我们沿黄河下行，一面调查研究，一面宣传发动，结果选定在山东梁山地区先进行引黄输沙放淤试验。

周总理在这次治黄会议中，尽可能挤时间倾听各种意见，尤其愿意听平时听不到的那些意见，虽然有的发言被认为是一些奇怪的想法或者显然是错误的意见。由于他不能每天参加会议，所以每当某一天有时间时，都是头一天晚上由大会秘书处通知我们总理参加会议，并指定安排某些同志发言。有一次就是事先通知要我准备发言。

周总理愿意倾听各种意见，主要目的是在各种意见的分析比较中得到正确的东西。周总理对正确的意见总是及时给予鼓励，尽可能使其实现；而对于错误的意见，在会议的最后他才指出错误之所在，从来不制止别人的发言。在毛主席批示“要把黄河的事情办好”以后，他深感治黄问题必须探讨新的途径，所以多次督促我去沿黄河一带做些调查工作。我在治黄问题上本来有些不同看法，不赞同现行的一些治黄措施。在一次国务院农办小组会议上，我向周总理汇报了我对治黄的看法。当时我只是作为一种设想提出，却得到了周总理的支持。我的意见是，黄河的问题首先是个认识问题，不能把河水泛滥、泥沙太多视为难以治理的原因，从而把黄河称为害河；应当将黄河的泥沙和洪水看成一种财富，加以充分运用，为用而求治，把黄河看作宝河。

我说完后，坐在我旁边的农办副主任张修竹碰了碰我的胳膊，说：“你怎么提了这个怪方案?”后来他看我这个怪方案竟然得到了总理的支持，第二天就去我住的和平宾馆和我细谈这个问题。张修竹说："中央要我到农办工作，我就常到冀鲁豫平原去了解农民的生活生产情况。这里曾为淮海战役作出过重大贡献，可解放后很少改善，我深感不安。有一次我问黄河边上的群众有什么办法可以吃上饱饭，他们竟然异口同声地说把大堤扒了就有饭吃了。没想到，你昨天在会上谈的，正与黄河农民的说法一致，是同一个道理。"

在这次会议上，我看到了许多与黄河有关的新资料。其中北京水利水电学院教授姚汉源的一份油印的报告，所提出的研究资料，恰可作为我的治黄意见的一个佐证。姚教授列举了一两千年来史书上多次记载的黄河决口泛滥事件，其中的所谓暴民决堤，实际上是一些清官默许居民开堤，利用洪水放淤肥田。我当时就向周总理汇报了这件事，他很感兴趣并要亲阅。我建议周总理听听我汇报就不要亲自阅读了，因为这份报告印刷得很不清楚，看起来很费眼力。自然，这样的报告因为与传统的治黄观点相去太远，估计不会得到支持。我得到的那份报告，在十年内乱中也丢失了。我以后曾多次向清华大学查索，也无结果，甚至连那位教授也找不到了。后来得知姚汉源教授在"文化大革命"中也不好过，已离开单位，调到水利水电科学研究院，在水利史研究室工作。"文化大革命"后不久，长办宣传部门编写了一本《长江水利史略》，姚教授受出版社委托审稿，对此书作了不少修订补充，贡献很多。当时清华大学也有人写过一份报告，说黄河泥沙含有各种肥料，数量大，养分齐全，证明在黄河进行放淤稻改、改良农田，在理论上是有充足根据的，可惜这份报告也找不到了。

我在会上建议黄委先用200亩田地作为放淤稻改的试验田。这是为了慎重，所以第一步的目标只是从200亩田开始。当我提出这个意见时，周总理插话说：是呀，袁世凯可以在天津小站的盐碱滩上种出大米，我们为什么不能在黄河两岸种水稻呢？黄河两岸比天津小站的条件不是更好吗？

周总理的这番话，更加强了我对黄河放淤稻改的信心。会议还没有开

1958 年，周恩来（右）视察三门峡水利枢纽工程建设工地

完，山东的同志就把济南河段黄河两岸的种稻成果和资料给会议送来了。原来历史上济南大明湖附近就有种水稻的传统，解放后已逐步扩大到了黄河沿岸，而且成果非常显著。资料还说，山东省委第一书记谭启龙登上黄河大堤，看到黄河两岸金灿灿的大片稻田时，惊叹道："看来黄河不全是害河，它还有可利用的好条件呢！"与黄河相邻的南四湖沿岸，有个最贫穷的县叫鱼台，传说姜太公在这里钓过鱼，因此得名。因为该县太穷就与金乡县合并了。[①] 曾在临沂地区种水稻成功的地委书记调到济宁地区后，又在鱼台县试种水稻成功。他们听到周总理的鼓励，1965 年在鱼台、金乡一带种植水稻，由 10 万亩扩大到 100 万余亩。除了其他各县因种稻而增产外，多年吃救济粮的鱼台县，刚一年就翻了身，由穷变富并还清了旧债。

这些情况在治黄会议后不久，就传遍了鲁豫黄河两岸的广大农村。我当时沿着黄河边调查边宣传。一些县的同志向我汇报说，原来许多准备外逃的农民，甚至还有全村集体外逃的，都暂时不走了，因为放淤稻改的消息给他们带来了新的希望。

周总理不仅在会上肯定了在黄河两岸进行放淤稻改的建议，而且还具

① 1956 年鱼台县并入金乡县，1964 年鱼台县恢复建制。

体指示我从长办调人去山东指导推广放淤稻改工作。因此我在1965年的工作安排中，就把“黄河放淤稻改”作为长办七项重要工作任务之一，并组织一批干部去山东推动这项工作。为此，长办规划部门还制定了一个鲁豫黄河放淤稻改的轮廓规划。由于是周总理交办的工作，长办调到黄河两岸工作的干部，不仅受到沿河各县领导和广大群众的欢迎，也得到郑州水稻专家的帮助。他们在沿黄河两岸广泛地做了育秧工作，还建议聘请天津小站的农民指导插秧。由于放淤稻改工作的迅速开展，当年秋季又普遍得到了异乎寻常的丰收，放淤稻改仅仅不到两年的时间内，就在黄河地区普遍开展起来。这样就在事实上证明了，为发展农业找出治黄的新出路，是完全有事实根据的。

虽然对于黄河治理来说，这仅仅是走出了第一步，但这一步实践的意义就太重要了。周总理在接到我关于治黄的报告后总想去黄河看看，但因工作繁忙一再延迟，终未如愿。1965年11月间，他将我的报告交给李先念副总理阅办，并要他去黄河视察。我正准备随同李副总理视察黄河，李先念突然接到中央通知，立即返京参加政治局会议，因而未能成行。

这次治黄会议的主题是三门峡工程的改建问题。周总理在会议上说：“兴建三门峡工程，陕西省委本来有不同意见，中央曾以‘救五省淹一省’为原则说服他们。现在一省淹了，五省还是不能救，怎么办？大坝又炸不掉。请你们出个主意。三门峡工程出了问题中央负责任。”

在讨论这个问题的时候，大家都不肯发言。总理要我发言。我根据长办新研究成功的水库长期使用理论，说三门峡水库可采用底孔排沙办法，使水库泥沙进出平衡，保存一部分防洪库容，也可得到一定的发电水头。只要潼关河段恢复天然状况，关中平原各支流尾闾淤积部位则可经过河流的溯源侵蚀得到解决。

当最后大家都表示同意这个方案时，周总理说：“现在大家同意了这个办法，就这么办，再不能动摇了。”接着周总理又说，“这个意见并不

晚年林一山

是个新的意见。过去在由苏联专家负责设计治黄方案时，有一位青年提出过底孔排沙的意见，会议上把他批评得很厉害，这位青年叫什么名字?”当大家说这位青年叫温善章[1]时，周总理说:“我们要登报声明，他对了，我们错了！要给他恢复名誉。”

由于志同道合，在泥沙问题上意见一致，这次会议之后，温善章路过北京时总是来看我，我们成了朋友。三门峡工程在改建中因增加了排沙的措施，把一个即将淤死的水库救活了，至今已过多年还在运行。

我在会后几个月里，边试验边总结，在沿黄河两岸调查中获得不少资料，写了一个整治黄河下游的规划方案。这个方案的实现，必将大大有利于进一步提出全流域的规划设计方案。我认为从发展农业的观点说，黄河的洪水和泥沙，第一阶段就完全可以在入海以前全部利用，也就是说把泥沙吃光，把洪水喝光。如果要在西北地区广泛利用黄河水资源发展农业、林业，很可能会有一天在三门峡水库以上的中上游就被吃光喝光。三门峡以下的华北平原，必须实行南水北调，把长江的水引来，补充黄河所缺水量，当然这只能是下一步的研究工作。

为了制订一个可供比较研究的治黄方案，周总理几次要我到黄河各地区亲自察看，从各个方面收集资料，分析研究。他也很想到黄河的放淤稻改现场视察。可惜，他的这个愿望未能实现。

（河南省政协　供稿）

① 温善章，1956 年毕业于天津大学水利系，曾任黄河水利委员会教授级高级工程师。

纪事

侵华日军南京大屠杀遇难同胞纪念馆创建历程回顾

朱成山 *

2008年5月18日，国家文物局公布了首批83家国家一级博物馆名单，江苏省有5家单位入选，侵华日军南京大屠杀遇难同胞纪念馆（以下简称“纪念馆”）是南京市唯一入选的一家。这是一个非常振奋人心的消息，对于纪念馆人来说更是一个来之不易的荣誉。纪念馆自1985年8月15日正式建成开放以来，在改革开放的洪流中与时俱进，几代纪念馆人兢兢业业，把一个不起眼的小馆逐步建成了国家一级博物馆。

我于1992年进入纪念馆工作，1993年担任馆长直至2015年。在这22年里，我主持并见证了纪念馆的二期和三期扩建工程、展陈改造、“万人坑”遗址发掘、“万人普查南京大屠杀幸存者”国内外巡回展览等一系列工作。经过我们的努力，纪念馆取得较快发展，逐步提升自身水平，在国内外享有较高声誉。今天回首往事，感慨颇多。在纪念馆发展的30多年时间内，有一些工作具有很大影响，值得记述。

---

* 朱成山，曾任侵华日军南京大屠杀遇难同胞纪念馆馆长。

三次发现，铸就江东门大屠杀遗址之铁证

说起纪念馆的建馆起因，还要追溯到 1982 年。当时，日本文部省在审定中小学教科书时，将日本军国主义“侵略”中国修改为“进入”中国，妄图以此否认侵略中国的史实。这一倒行逆施激起了中国人民特别是南京市民的强烈愤慨。为了顺应广大人民的呼声，1983 年 11 月，南京市政府决定为 30 多万南京大屠杀死难同胞建馆、立碑、编史，并紧急开始筹建工作。

建馆选址是个大学问，为什么会选在南京市西南角的江东门呢？原来，早在 1982 年，南京市在进行文物普查时，就已发现江东门农民的菜地里有两个大坑，挖开后发现累累白骨。据当地群众反映，这里是当年日军大屠杀的现场和掩埋尸体的“万人坑”。又据史料记载，1937 年 12 月 16 日，日军把已解除武装的中国士兵和平民万余人，囚禁在江东门国民党原陆军监狱院内。傍晚押至对面荒地，然后放火焚烧民房照明，在四周架起轻重机枪，向人群猛烈扫射。受害军民惨呼哀号，相继倒于血泊之中。事后，南京慈善团体红卍字会收尸万余具，就近掩埋于一个水塘、两个大土坑和一条壕沟内，“万人坑”由此形成。根据上述考证，南京市人民政府果断决定在“万人坑”遗址上建馆。1983 年 12 月 13 日，建馆奠基仪式在江东门正式举行。在建馆过程中，施工队从江东门“万人坑”施工现场又挖出了一批遗骨。这批集中发现的南京大屠杀遇难者遗骨，部分被陈列在纪念馆的遗骨陈列室内，成为日军南京大屠杀的直接见证物。

1985 年 2 月，邓小平同志来南京视察，题写了“侵华日军南京大屠杀遇难同胞纪念馆”馆名。1985 年 8 月 15 日，纪念馆正式建成并对外开放。

1998 年 4 月 30 日上午，在馆内遇难同胞遗骨陈列室北侧草坪坡上，新挖掘出了 4 具遇难者遗骨。纪念馆立即向文物部门申请，按照文物考古规

范程序做科学发掘。在国家文物局批准并核发发掘证照后，纪念馆邀请南京市博物馆考古队进场发掘，并特邀南京市公安局刑事研究所数十名法医，先后到场跟踪并做技术鉴定。截至 1999 年 12 月，陆续清理发掘南京大屠杀遇难者表层遗骨达 208 具（表层以下有层层堆积叠压遗骨）。这些叠压的遗骨分布在地表 7 层，分布面积达到 170 平方米。法医学、医学、史学、考古学等方面专家经过鉴定和试验，证实这批遗骨就是南京大屠杀遇难者的遗骨。这次遗骨发现时，正是日本极少数右翼分子抛出反动影片《自尊——命运的瞬间》为侵略战争翻案的时候，并有少数日本人妄测纪念馆内陈列的遗骨不是遇难同胞的遗骨。此次发掘是对日本右翼势力荒谬言论的一次有力驳斥，同时也为“江东门日军南京大屠杀遗址”提供了新的铁证。

2007 年 4 月，在新馆展厅施工现场，第三次发现了南京大屠杀遇难者遗骨坑，其表层遗骨有 19 具（坑内有深层叠压遗骨）。经过法医和考古专家再次现场鉴定，它们被认定为南京大屠杀遇难者遗骸。为对这批遗骸

万人坑遗址（贲道春摄）

进行保护和展示，各部门紧密配合制定详细工作方案，最后确定先整体搬移、后整体恢复的方案。2007 年 11 月，在新馆展厅封顶之际，这批遗骸被“准确复位、整体搬回”，原地原貌地陈列在新展厅内。

至此，在江东门同一个地点、三次不同时间，南京大屠杀遇难者遗骸先后被发现，这充分说明此处是侵华日军集体屠杀遗址和南京大屠杀遇难同胞遗体丛葬地之一。三次发现为江东门南京大屠杀“万人坑”遗址提供了铁证。鉴于此，包括纪念馆所在地在内的南京大屠杀遇难同胞丛葬地，于 2006 年 5 月被国务院公布为“全国重点文物保护单位”。

三次普查，形成南京大屠杀幸存者证言资料库

在纪念馆新馆展厅内，有一面被观众誉为“世界之最”的档案墙，由 12 万多份档案盒组成，其中包括 4000 多份南京大屠杀幸存者证言档案。这是近几年来，纪念馆专门组织人员将三次普查搜集的幸存者资料经过精心整理后形成的珍贵档案。

第一次大规模地调查南京大屠杀幸存者是在 1984 年。当年，在建馆、立碑、编史的同时，为了更多地收集侵华日军南京大屠杀的罪证，纪念馆曾经有组织地对南京大屠杀幸存者、受害者、见证者进行抢救性地广泛普查，时间是 1984 年 3—8 月，地点包括南京全市 6 个城区和 4 个郊区。各级机构被层层发动，下至街道居委会。居委会按 50 岁以上年龄层次排队摸底，对受害对象、受害家庭或受害见证人进行登记，逐个记录南京大屠杀中受害的情况。这是继战后远东国际军事法庭和中国审判战犯南京军事法庭为审判日本战犯，在南京进行较大规模调查幸存者和受害者后，第一次有组织地对南京大屠杀幸存者进行大规模的调查。经过 6 个多月的普查，纪念馆共发现南京大屠杀幸存者 1756 名，积累了一批珍贵的第一手口碑证言资料，为“南京大屠杀”编史、建馆和立碑做了一项重要的基础性工作。

在1984年南京大屠杀幸存者调查的基础上，我从这批幸存者的证言中选择了642份，主编整理出版《侵华日军南京大屠杀幸存者证言集》。

第二次调查南京大屠杀幸存者是在1991年夏。纪念馆和南京市教育局合作，利用暑假，动员组织千余名中学生和部分老师，克服汛情洪涝带来的困难，在1984年大范围普查的基础上进行复查。发现1756名南京大屠杀幸存者中，此时已经去世300多人。在复查的同时，纪念馆和南京市教育局共同组织人员编写并摄制电视录像教学片——《300000人的控诉》。此片被中宣部定为全国爱国主义教育录像资料片。

对南京大屠杀幸存者第三次大范围的普查是在1997年。纪念馆和南京市教委共同举办、日本全国纪念南京大屠杀遇难者60周年联络会和旅日华侨中日交流促进会共同协办了“留下历史的见证”夏令营，动员组织南京市1.47万名师生和26名来自日本东京、大阪、神户、广岛等地的师生，开展寻找调查南京大屠杀幸存者活动。这次万余名师生寻访南京大屠杀幸存者的范围，遍及当时南京市所属的鼓楼、玄武、栖霞、江宁、六合5个城区和郊县的所有街道、乡镇、居委会和自然村，对象为70岁以上的老人。普查前还对负责人进行了集中培训。此次普查，共发现2460多条南京大屠杀幸存者线索。专家经过对比检查，最终确定有1213名仍然健在的南京大屠杀幸存者。纪念馆邀请南京市司法局公证处，对其中150名幸存者的证言资料分别进行证据保全公证，另外对35名幸存者的证言资料进行现场摄像公证，使调查的证言、证据更具有法律效力，为历史留下永久的铁证。

上述三次大规模的南京大屠杀幸存者调查工作，为形成幸存者证言资料库打下坚实的基础。近些年来，纪念馆又相继收到来自省外甚至海外的一些南京大屠杀幸存者的口述资料。在上述工作的基础上，纪念馆相继出版《侵华日军南京大屠杀幸存者证言集》续集、《南京大屠杀幸存者名录》（1—4册），并于2005年成立南京大屠杀幸存者援助协会，对南京大屠杀幸存者特殊群体给予医疗和生活援助及精神慰藉。纪念馆还多次带领南京大屠杀幸存者赴日本、美国、丹麦等国家讲述南京大屠杀受害历史，使幸存者证言成为一个很好的宣传和教育资源。

三件诉讼案，扩大南京大屠杀研究在国际上的影响力

近些年来，纪念馆通过和平交流、举办展览等方式逐步扩大南京大屠杀研究在国际上的影响力。例如，赴日本名古屋、大阪、东京等城市举办“南京大屠杀史料展”，赴丹麦奥尔胡斯市举办“珍爱和平与生命——南京大屠杀史实展”，赴美国旧金山举办“勇于记住——南京大屠杀史实展”，赴意大利佛罗伦萨市举办“不能遗忘的二战浩劫——侵华日军南京大屠杀史实展”等，让外国人了解南京大屠杀的历史真相，了解日军曾在中国犯下的惨无人道的暴行。除此之外，自 20 世纪 90 年代末以来的有关南京大屠杀的三件诉讼案，也使得南京大屠杀研究在国际上的影响力逐步扩大。

南京大屠杀幸存者李秀英和她的名誉损害诉讼。1937 年 12 月 19 日，怀有身孕的李秀英在南京安全区内的五台山小学地下室内避难，在反抗三个日本兵对她强暴的过程中，脸上、腿上和腹部被戳了 37 刀。后来，李秀英在南京鼓楼医院经美国医生威尔逊奋力抢救，挽回了性命，但却不幸流产，更留下了累累伤疤。诸多中外证人均可为李秀英作证，马吉、威尔逊、麦卡伦、贝茨、拉贝等，均在日记中记载了李秀英的受害经过，马吉还拍摄了李秀英受伤后在鼓楼医院被救治的镜头。但在 1998 年，日本自由历史观学会成员松村俊夫在日本公开出版的《南京大屠杀的大疑问》一书，打着“学术研究”“检证历史”的幌子，诬陷南京大屠杀幸存者李秀英不是当年的李秀英，是个假证人。松村俊夫等企图以此为突破口，全盘否定南京大屠杀。1999 年 9 月 17 日，李秀英愤然向日本东京地方法院提起诉讼，要求松村俊夫等公开登报道歉，并赔偿名誉损害费。该诉讼案先

后在东京地方法院、东京高等法院胜诉。2005 年 1 月，日本最高法院对李秀英上诉日本右翼分子名誉侵权案作出终审判决，判处被告松村俊夫支付名誉损害赔偿金 150 万日元。这起有关南京大屠杀的首起名誉权国际诉讼，最终以南京大屠杀幸存者李秀英的胜诉而落幕。遗憾的是，李秀英老人没有等到胜诉的这一天，于 2004 年 12 月溘然长逝了。

南京大屠杀幸存者夏淑琴和她的名誉损害诉讼。1998 年，松村俊夫和日本亚细亚大学教授东中野修道，在日本分别出版了《南京大屠杀的大疑问》和《南京大屠杀的彻底检证》两本书，诬陷南京大屠杀幸存者夏淑琴是假证人。2004 年，夏淑琴向南京市玄武区人民法院提交了诉状，状告松村俊夫和东中野修道损害其名誉，要求道歉和赔偿名誉损害费。这是国内首起涉及抗日战争历史问题的名誉权诉讼案，引起了社会各界的广泛关注。2005 年底，东中野修道和出版该书的日本展转社株式会社也向日本东京地方法院提起诉讼，称《南京大屠杀的彻底检证》一书不构成对夏淑琴的名誉损害，要求确认赔偿债务不存在。2006 年 6 月 30 日，夏淑琴与南京有关方面组成“应诉团”（包括我在内）赴日应诉，东中野修道当庭撤诉，夏淑琴当即在该院提出反诉，要求东中野修道等赔偿其名誉损害。同年 8 月 23 日，南京市玄武区法院一审判决夏淑琴起诉日本作者东中野修道和松村俊夫侵犯名誉权案胜诉。这是中国法院首次受理和判决涉及南京大屠杀事件的涉外民事案件。2007 年 11 月 2 日，日本东京地方法院也一审宣判夏淑琴胜诉。中日两个法院的判决，宣告南京大屠杀幸存者夏淑琴诉讼案圆满落幕。

南京大屠杀加害者东史郎与《东史郎日记》诉讼。东史郎 1912 年生于日本京都，1937 年 8 月应征入伍，曾参加过侵占中国华北、南京、武汉等地的战斗，特别是参与了南京大屠杀，并在战时日记中详细记载了日军的种种罪行。随着时间的流逝和战后和平生活的洗礼，他逐渐对日本军国主义发动的侵略战争罪行有所认识。1987 年，东史郎公开其战时日记并在日本公开出版以反省加害历史，此举受到了日本右翼势力的攻击。1993 年 4 月 26 日，东史郎昔日的战友桥本光治在日本右翼势力的蛊惑下，向日本东京地方法院提起名誉损害诉讼，称他的日记“纯属虚构”。1996 年 4 月该法院判东史郎等败诉，而东史郎在随后 8 年时间内坚持上诉。在此期间，南京等地为声援东史郎正义行动而进行的手榴弹爆炸实验、邮政袋检测和当年地图现场比对的结果，均证明东史郎日记记述正确。但日本东京高等法院、日本最高法院根本无视历史事实和实证结果，分别判处东史郎等二审和三审败诉。2006 年 1 月，东史郎在日本京都病逝。东史郎诉讼案在中日两国引发了方方面面的关注、支持与援助，扩大了南京大屠杀研究的国际影响。

三次建设，形成国家一级博物馆

1985 年 8 月 15 日，纪念馆正式建成并对外开放，它是中国第一座抗战系列历史博物馆。两年后，1987 年 7 月 7 日，北京市在卢沟桥建成了中国人民抗日战争纪念馆。1991 年 9 月 18 日，沈阳市在柳条湖旧址建成了九一八历史博物馆。上海市建成了上海淞沪抗战纪念馆，山东省建成了台儿庄大战纪念馆等等，一批有关抗日战争的博物馆、纪念馆陆续建成。当年，建这座纪念馆的初衷，主要是为国人尤其是南京大屠杀的受害者遗属悼念遇难同胞提供一个合适的场所，并以此提醒中国人民不忘历史，以史为鉴。在开馆的当天，日本劳动者协会会长市川诚先生送来一座“镇魂之钟”，寓以钟声告慰和悼念南京大屠杀遇难者的亡灵之意。

在纪念馆资金困难、亟须明确发展思路的时候，我从南京市委宣传部来到了纪念馆工作。至今不能忘怀的是，香港爱国实业家陈君实先生对建馆事业的慷慨相助。陈先生来馆参观时，不仅给我们提出很好的建设规划方面的建议，还捐献了 110 万元港币，用于纪念馆的二期扩建工程。陈君实先生的爱国举动，带动了海内外尤其是南京市社会各界的捐赠，南京市开展了“人人为纪念馆捐赠一元钱”的活动，纪念馆获得1000多万元社会捐款，同时得到南京市人民政府的拨款支持。1994到1995年，纪念馆改造了以前简单的陈列展览，并进行了二期扩建改造工程，搬迁了馆旁的叉车厂，改建成停车场，新建了悼念广场、遇难同胞名单墙、古城灾难组合雕塑、标志碑等纪念性建筑。扩建后的纪念馆占地面积33亩，建筑面积2500多平方米，展厅面积800多平方米。1997年，被中宣部命名为首批全国爱国主义教育示范基地，成为对内进行爱国主义教育、对外开展国际和平友好交流的一个窗口。

随着观众接待量的直线上升，特别是2003年在全国率先对社会公众实行免费开放，纪念馆年观众量激增至114万人，2005年达220万人，其在国际国内的影响力日益扩大，各种交流活动日益增多。然而，狭小的展览空间已经无法满足大流量观众的接待需要，加上馆舍老化、设施陈旧，制约了新征集文物史料的展示。包括很多海外华人华侨在内的社会各界人士都强烈呼吁扩建纪念馆。在各级领导的关心和社会各界的支持下，2005年12月13日，扩建工程正式开始。经过两年的拼搏和努力，新馆于2007年12月13日即南京大屠杀70周年纪念日如期建成，并正式对外开放。

新馆占地面积扩大到111亩，展厅面积扩大了11倍，展出照片3500余幅，文物3300余件，影视片130余部，场景复原13处。新馆平面布局形如和平之舟，空间布局意为化剑为犁。其建筑外观大气肃穆，设计布局寓意深刻，特别是观展路线，战争、杀戮、和平三个序列的构思匠心独具。纪念馆前半部分“白骨为证，废墟为碑”，用有特色的建筑语言雕铸历史，给观众极强的震撼力；后半部分体现“人类家园，走向和平”，用意蕴深厚的建筑语言增强人们对战争、和平、人性的想象力，突出了对人类和平的向往。整个建筑设计构思可以用4个字来概括——“历史、和平”，让观众从学习、了解和反思历史进入纪念馆，最后带着对历史的感

灾难之墙（唐伟超摄）

悼念广场（贲道春摄）

纪念馆的整体形状为“和平之舟”

悟和对和平的向往走出纪念馆。

本文作者朱成山

新馆开放以后，受到了社会各界的好评。时任全国人大常委会副委员长许嘉璐参观后说：“我去过乌克兰、莫斯科、柏林、华盛顿等世界上许多战争类型的历史博物馆，我们这座纪念馆与之相比毫不逊色，堪称世界一流。不光是建筑、雕塑有特色，而且文物史料丰富，说服力、感染力都很强，参观后让人印象深刻，深受教育。”时任江苏省委书记梁保华称赞道：“新馆的效果好得超出我的想象，我走过很多国家，参观过很多纪念馆，但从来没见过像这样让人震撼的场馆，可以称得上是世界一流、中国第一、南京地标。”加拿大世界抗日战争史实维护会会长列国远女士由衷地说：“这次看了南京馆，我对博物馆的概念和认识产生了一次跳跃，我的感触实在太深。我没想到会有这么好的效果。比如说在展厅内被原样、原址保护的那批遗骸，被很好地展示出来，既有它的偶然性，也有它的必然性，具有很强的说服力和表现力。那组高大的档案柜展陈效果非常好，用这种形式来反映主题是一种创新。”纪念馆凭借丰富的馆藏、扎实的学术研究、国际水准的展陈、广泛的国外交流等优势条件，一举获得“国家一级博物馆”的称号。我们有理由相信，在新的时代背景下，纪念馆这艘“和平之舟”一定会乘风破浪，将历史的记忆延续下去，将和平的种子撒向更广阔的世界。

（选自中共江苏省委党史工作办公室编《江苏改革开放亲历者口述历史》，江苏人民出版社 2023 年版）

纪事

与黄裳先生几封信有关的往事

张　刃[*]

近日翻检旧存，又一次读到20世纪80年代黄裳先生给先父张高峰的来信，追忆前辈交往旧事，颇觉有趣。选择若干内容，略加注释，以飨读者。

黄裳先生是著名报人、散文家、藏书家、版本学家，与张高峰本不相识，但由于曾为新闻界同行，熟知彼此文章。80年代初拨乱反正，他们陆续恢复工作，由另一位老报人谢蔚明先生“牵线”，建立了联系。

1981年9月9日，黄裳给张高峰写来第一封信：

> 蔚明兄转来惠赠刊物一册及赐信，极感。您是大公报老一辈，我过去一直读您的通讯，最近在香港大公报上也时见大作，虽未曾把晤，可是心仪已久了。
>
> 近与友人谈及全国各地文史资料，以为天津与四川都是好的，比上海的好得多，可见并非个人私见。也因我小时在天津住过不少年，因而较有兴趣。总之，您们的工作是很有意义的。如小德张，我家过去就住在他的产业里，小孟庄永兴里一号，在墙子河畔，此地今不知

* 张刃，《工人日报》原副总编辑、高级编辑，原《大公报》著名记者张高峰之子。

如何了。记得此房后面即小德张宅，有大院落，阴森可怖。

天津还有许多可记录之史料，如调查一下，曾寓津租界之军阀、政客，地址大致变化情况……即很有趣。我的南开同学即有一大批豪门子弟，如杨增新（新疆都督）、陈调元家的子女……又，周叔弢先生是很有特色的代表性人物，不知曾否组织文章。他的藏书、启新公司、建德周氏家族……大可一记。他的孩子与我是南开同班。又，古天津也可注意，如水西庄的查氏，是清康乾之际的大家族，曾是文化中心，杭州名士严鹗等都在他家住过、刻书……顺便写些想法，供参考。

匆此复谢，即问

近好！

黄裳，1919年生人，早年在天津南开中学读书，其嗜书、藏书即从天津开始。抗战胜利后，任《文汇报》驻重庆、南京特派员，后调回上海编辑部，1950年后一度调北京工作，1956年重回《文汇报》任编委。

张高峰，1918年生人，1939年加入范长江领导的国际新闻社，开始记者生涯，1942年任《大公报》战地记者，因采写长篇通讯《豫灾实录》披露河南灾情，《大公报》配发社评《看重庆，念中原》，触怒当局，处罚《大公报》停刊3天。抗战胜利后任《大公报》特派员，常驻北平、沈阳、长春，以采写通讯见长。20世纪60年代改做文史工作，“文革”中下放农村，1980年调天津市政协文史办副主任。

谢蔚明，1917年生人。抗日战争中开始新闻生涯，先后在重庆、武汉、南京工作，1949年秋任《文汇报》驻北京办事处记者。1979年重回《文汇报》，主持编辑《文汇月刊》，与黄裳、张高峰都是朋友。

彼此相似的经历，通信自然离不开文史。黄裳信中所说各点，背景如下：

小德张，天津静海人，清末最后一任太监总管，辛亥革命后到天津做寓公。他在天津的房产有多处，最早的一处在今天的重庆道，后来卖给载振做了“庆王府”，保存至今。黄裳信中所说的小德张住所，应该是他在今湖北路与郑州道交口处所建的那座中西合璧的豪宅，1976 年唐山大地震中损毁拆除。湖北路穿越的墙子河，20 世纪 70 年代利用河道修建了天津最早的一段地铁，地面即今天的南京路。值得一提的是，小德张晚年生活潦倒，以炸果子（油条）为业，1957 年 81 岁时病逝。

关于“寓津租界之军阀、政客”。天津毗邻北京，是华北开埠最早的工商业重镇，经济发达，交通便利，更曾辟有九国租界，得“西洋”风气之先，是典型的半殖民地城市。北洋时期，军阀混战，你方唱罢我登场，失意、下台者纷纷避居津门，或做寓公享受“时尚”生活，或蛰伏以图东山再起，加之清朝遗老遗少会聚于此，各色人等交往频繁，闻人逸事数不胜数。这也是后来天津征集、编辑文史资料丰富多彩的重要原因之一。

“建德周氏家族”，指以周馥、周学熙、周叔弢三代为代表的安徽建德周氏家族，是 20 世纪天津乃至中国北方最著名的实业家族。周叔弢，1891 年生人，曾任唐山华新纱厂、天津华新纱厂经理，启新洋灰公司总经理，是著名中国古籍收藏家、文物鉴藏家。1949 年后历任中央人民政府政务院财经委员会委员、天津市副市长、天津市人大常委会副主任，第六届全国政协副主席，1984 年病逝。

天津水西庄，是由津门大盐商查日乾、查为仁父子创建于清雍正元年（1723）的一座私家园林，位于天津南运河畔，今已不存，现天津芥园水厂即其遗址。当年，乾隆皇帝曾四下水西庄，水西庄亦成为天津当地及南下北上的文人墨客雅集胜地，各方文人诗歌酬唱，刻书交游，留下了大量文化典籍，惜后人缺乏研究。天津市于 1992 年成立水西庄学会，开始搜集、整理、点校和出版相关文献资料，开发、研究和宣传水西庄及查氏家族文化。距黄裳此信所谈已过去 11 年。

1981年9月17日，黄裳第二封信，再次谈及他少年时代对天津的印象：

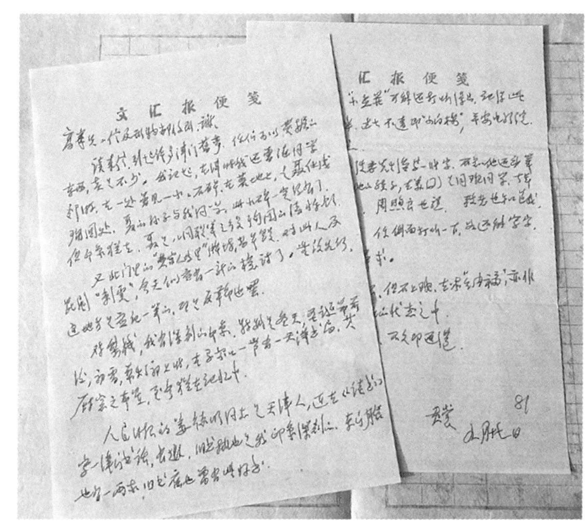
文汇报便笺

文汇报便笺

黄裳给张高峰的信（1981年9月17日）

读来信，引起许多津门旧梦。你们可以发掘的东西真是不少。我记起，在天津时我还曾随同学郊游，在一处曾见一小小石碑，在墓地上，是聂士成殉国处，聂的孙子与我同学，此小碑一定没有了，但印象犹在。聂是八国联军之役殉国的清将领。

又，北门里的“费宫人故里”牌坊，当早毁，对此人及昆剧《刺虎》，今天似应有一新的检讨了。无论如何，这地方是应记一笔的，即是反革命也罢。

对梨栈，我有深刻的印象，特别是冬天，圣诞节前后，初雪，华灯初上时，在马家口一带有一天津书局，其橱窗之布置，至今犹在记忆中。

人民日报的姜德明同志是天津人，近在《读书》写一津门书话，有趣。旧书摊也是我印象深刻的，东门脸也有一两家旧书店，也曾有些好书。

我的“故居”，“小孟庄”可能还打听得出，记得此地在河畔、桥畔，过去不远即“小白楼”，平安电影院。只能说出这一点。

我想请周叔弢老先生给写一张字，不知他还动笔否？我与周杲良（他的孩子，在美国）同班同学五年，去年他回国，还见过一次。周煦良也熟，弢老也知道我，我三十年前去访过他。你侧面打听一下，如还能写字，当寄纸去，并写一信奉求。

我仍在文汇报，但不上班，在家"纳福"，亦非退休，处于一种奇怪的状态之中。际坰[①]近在京，不久即返港。

这封信提及的几个话题，背景如下：

聂士成，清朝将领，戎马生涯 40 年，先后参与剿捻、中法战争、甲午战争。1900 年庚子之变，镇守天津的聂士成所部与北上的八国联军交火。7 月 9 日，聂士成在城西八里台中炮阵亡，年 56 岁。清廷追赠其为太子少保，谥号忠节，并在聂殉国处立碑纪念，碑两侧立柱刻"勇烈贯长虹，想当年马革裹尸，一片丹心忍作怒涛飞海上；精诚留碧血，看今日虫沙历劫，三军白骨悲歌乐府战城南"，横额为"生气凛然"。笔者儿时所见，仅存"聂忠节公殉难处"七字石碑。2000 年是聂为国捐躯 100 周年，天津市政府在原聂公碑所在地（今天津南开区紫金山路与卫津南路交口处）建了一座高 4.18 米的聂士成铜像以示缅怀。

费宫人，名贞娥，是明朝一位宫女。崇祯十七年（1644）甲申之变，李自成攻入北京，包括皇帝在内的几百人自杀，贞娥决心为君国报仇，伪装成长平公主，假意嫁给李自成爱将。新婚之夜将其刺杀，之后亦自刎。民国时期，有人将这段故事编成戏曲《费宫人》和电影《费贞娥刺虎》，广泛传播，费宫人故里亦引起文人寻古探幽的兴趣。据《津门杂记》载："费宫人故里，在东城内，今名费家胡同。"黄裳所说的木牌坊即指此处。上书"前明费宫人故里"，出自天津著名书法家华世奎手笔（"天津劝业场"亦为华世奎所书）。20 世纪 50 年代，这座牌坊已被拆除。黄裳信中所说"反革命"，当指费宫人刺杀的是农民起义军将领。

---

① 际坰，即潘际坰，香港《大公报》资深编辑，他们二人共同的老友。

梨栈，全称梨栈大街，指今天天津著名的商业区劝业场前和平路锦州道至赤峰道一段。庚子之变后，法租界扩充，建成为 21 号路。因为这条街靠近海河边的马家口（锦州道北口），那里早年是水果集散地，天津人习惯称它为梨栈。后来有了 21 号路，人们也就把梨栈的范围扩大，称之为梨栈大街。

黄裳为什么请张高峰代求周叔老墨宝？因为张与天津工商界交往几十年，和其中许多领袖人物都是朋友，自 20 世纪 60 年代起又搞天津工商史料的征集、编辑工作，有“近水楼台”之便。其实，黄裳自己与周叔老的几个孩子都熟悉，与周杲良还是南开中学同学，抗战中又一起由上海动身去了大后方，周杲良在成都入燕京大学，黄裳到重庆进了交通大学。或许是觉得张高峰与周叔老更熟、更直接，而黄裳见过周叔老已经是 30 年前往事，所以才有此一“求”。

9 月 27 日，黄裳再次来信说：“叔老处代求墨宝，不论什么，老人家高兴写什么就写什么，附一笺，请转呈。又附大旧纸一张，据说是乾隆高丽。他是有名的收藏鉴赏家，如此可表示郑重也。”张高峰受人之托，当然要忠人之事。不过，周叔老对于黄裳提供的旧纸可能另有评价，且没有马上动笔。张高峰据实以告，黄裳复信称：“他（周叔老）对旧纸的知识与判断是极丰富的，我辈当然不宜插嘴。不必太急，只要他什么时候高兴动笔就是了。”

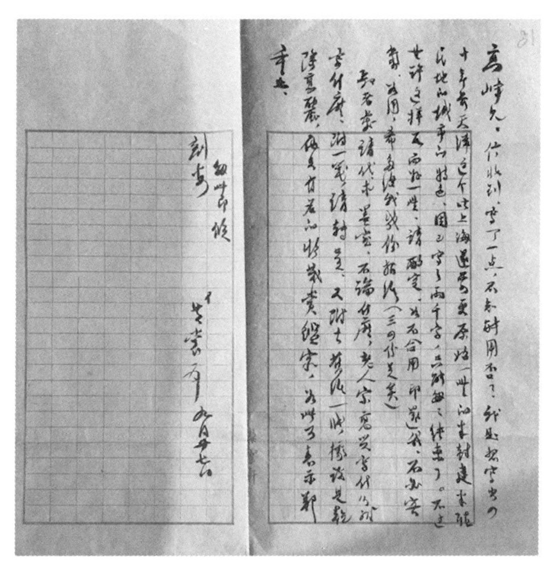

黄裳给张高峰的信（1981 年 9 月 27 日）

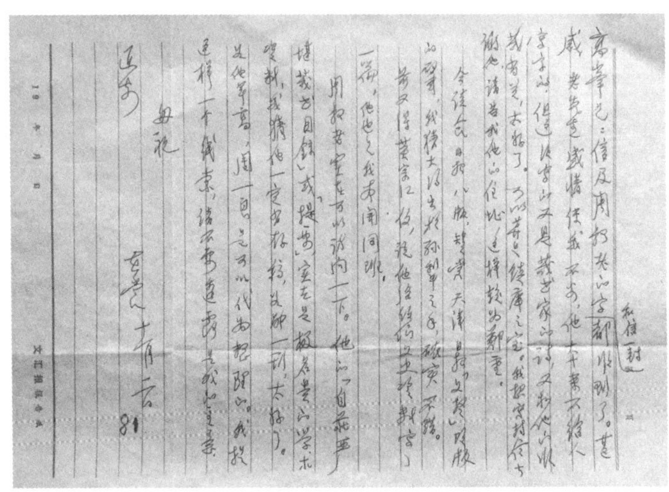

黄裳给张高峰的信
（1981 年 11 月 2 日）

1981 年 11 月 2 日，黄裳来信，高兴地说：“高峰兄：信及周叔老的字和信一封都收到了，甚感。老先生盛情使我不安。他本来不给人写字的，但这次写的又是藏书家的诗，又和他的收藏有关，太好了！可以算是镇库之宝。我想写封信去谢他，请告我他的地址，这样较为郑重。”此事圆满，也算一段佳话。三年以后，周叔老以 93 岁高龄辞世。他给黄裳的题字也就愈加珍贵了。

黄裳对周叔老的藏书、鉴别极为推崇，来信提到周的“自庄严堪藏书目录”[①]，认为“实在是极名贵的学术资料，我猜他一定有存稿，如能一刊，太好了。如他年高，周一良是可以代为整理的”。又说，“我对于版本目录之学，只是一个准外行，就是知道一点但没有系统知识研究之谓，绝不敢为人师。这并非虚伪的谦虚。”

据张高峰讲，他们曾征集到周叔老藏书的一段轶闻，即他坚持的“五好”标准：一是刻板好，等于一个人先天体格强健；二是纸张好，等于一个人后天营养得宜；三是题跋好，如同一个人富有才华；四是收藏印章好，宛如美人薄施脂粉；五是装潢好，像一个人衣冠整齐。他藏书用印十

① “自庄严堪藏书目录”即《自庄严堪善本古籍展图录》，后来由国家图书馆出版。

分慎重，唯恐印泥在书上渗油或变色，因此，数十年来一直坚持用年轻时在上海西泠印社买的印泥。周叔老对伪书深恶痛绝。1941 年，天津曾出现一批据说出自敦煌草书帖的书籍，周叔老以高价购回 10 余种，经鉴定发现是赝品，遂统统举火焚之，并说，这种东西不能留在世上误人子弟。

文人交往，不免文事。张高峰也几次代《天津日报》向黄裳约稿。黄裳欣然应命，陆续写了多篇。他来信说，“最近我好像和天津又有了颇紧密的联系，都是由你这位热心人拉拢的，真是一种缘分”，关于天津，“还可以写一些，也有兴趣，惟杂事太多，不知何时能动手，好在不限时日，自可缓缓应命”，“我是想写出 40 年前天津这个比上海还要更原始一些的半封建半殖民地城市的特色”。他还几次说到，有机会一定回天津看看。

1985 年 1 月，黄裳终于再回第二故乡。事后他写有《天津二日》一文：

> 到北京开会，顺便到天津住了两天。……一下子勾起了几十年前的旧印象，对这地方立刻熟习起来了。在旅馆里看见报纸，知道昨夜的气温曾下降到零下十七度，是本地多少年来少有的严寒。我想，这正是对远方归人特意安排的招呼和问候，就像是说，“还记得我么?”怎么能忘记呢。严冬的风雪带来的正是心头上的温暖，这种感情并不是随便谁都能体会的。
>
> 第二天借了一部车子上街，走过了许多熟习而又陌生的地方，还到了远郊新辟的住宅区去看望了朋友。这才使我懂得天津确是大大地改变了。在车上随时都会看到一些生疏或熟习的地名，正想仔细看时一下子却又过去了。有些地名，过去听说过，知道那是离开市中心颇远的地方，但现在却已成了闹市。如佟楼，这是清初诗人佟蔗村的故居所在，他是出资为孔尚任刻过《桃花扇》的。这地方有他所造的“艳雪楼”，在浣花村旁，大概是很有特色的建筑吧，人们就都叫它“佟家楼”，又简化为“佟楼”。今天当然什么遗迹都没有了，只留下了一个名字，也

是很有意思的。还有比佟楼年轻得多的“北海楼”，三十年代就已衰落了的一家商场，我去逛过，它的名字和荒凉冷落的面貌都给我留下了深刻的印象。这次行经北马路，想打听一下，不料驾驶员同志就从来没有听说过这地方。我觉得好笑，这并不是值得感叹的题目，只是说明，自我离开这个地方以后，历史的大书又有许多篇叶翻过去了。

奇迹的出现是在北大关上。这是我在天津读书时来往很熟悉的地方。四叔父的外家住在这里，每逢周末我都要回到这里来过夜，星期天下午又从河上摆渡到对岸，乘电车回东南城角去。那夕阳下唤渡时总要出现的惆怅迷惘心情，到今天也还回忆得清晰。现在渡口添了一座便桥，穿小胡同走进去，低矮陈旧的民居，五十年前的儿时巷陌竟自依然如昨，只是没有听到卖煮蚕豆（这是被称作“捂豆”的）的叫卖声而已。敲门进去，只见到外家的第三代，说起旧事来都还合榫。在谈天时才知道，八年前的大地震，这一片低矮民居却奇迹似的保存了下来，几乎没有什么伤损。

北大关前能开阖的吊桥早已变成了新桥，通向北门的那条马路也早已非复当年的旧样了。桥堍巷底有名的正兴德茶叶店已经搬到街上。我走进过这家历史悠久的老字号，替外祖父买一两块钱一斤的香片，回去装在一只大茶叶罐子里，上面压上一只大红苹果，这样沏出的茶就不只有茉莉香还带了一股浓郁的苹果甜香。这样的茶我也是几十年没有尝过了。

……

至于费宫人，无论她以一个十六岁的小女孩被弄进宫去，还是后来当作货物分配给了新的主人，她自始至终都是一个被压迫、迫害的无辜的女性。她的那些“贞烈”的正统观念，也多半是后来的诗人、曲家强加给她的，并不足凭信。她到底用自己的血捍卫了生之权力，她的不幸是封建社会妇女的不幸，是值得同情的。

文章字里行间，处处显示了黄裳对天津的旧时印象与深厚感情，大部分内容不用注解，读者都能够看明白。这里只说说令他魂牵梦绕的北大关。

天津地处九河下梢，老城北门外大街的北头就是运河，当年河边设有常关（区别于海关），向往来船只征收厘税。天津人习惯称常关为大关，故俗称北大关。

北大关是天津最早的商业中心，它周围的街道差不多都冠以商品的名称，如针市街、竹竿巷、洋货街、茶店口、粮店街、缸店街、估衣街、锅店街等。这些街巷集中了经营同类商品以及棉纱棉布、呢绒绸缎、洋广杂货、服装鞋帽、钟表眼镜、干鲜果品、满汉糕点、鸡鸭鱼肉等的批发商和零售商；闻名中外的“狗不理”包子铺、闻名华北东北的正兴德茶庄，以及天盛号酱肉、耳朵眼（胡同）炸糕、信和斋香干等天津著名小吃，都发源于北大关。直到20世纪20年代，北大关一带还是从早到晚车水马龙，往来人群熙熙攘攘。

黄裳信中所说“回东南城角去”，似有误，因为他就读的南开中学在天津老城西北角方向。或另有所指，也未可知。

辛亥革命后，接二连三的直皖战争、直奉战争，天津都是必争之地，商业屡遭兵燹，纷纷向相对安全的租界迁移。1931年九一八事变后，北大关一带的商业更是明显衰落，而地处法租界的劝业场一带逐渐繁荣起来，日益发展成为天津新的商业中心。

黄裳信中所说，“还到了远郊新辟的住宅区去看望了朋友”，即指专程去看望体弱多病，自称“冬眠”的张高峰，二人相谈甚欢。回到上海后，黄裳在1月16日给张高峰的信中说：“此次津门之行，承事先妥为布置，遂得天津日报诸公盛情接待，至今不安，……尊居甚远，遂只能见面一次，然畅闻绪论，兄精神甚佳，至以为慰，殊不类‘冬眠’之人，一笑。”

1989年4月，张高峰因病去世，他与黄裳的这段交往也就成了历史。

2018年12月

纪事

古都再见永定门

——追述永定门城楼复建设计

韩　扬*

永定门是北京明清古城中轴线的南段起点，始建于明嘉靖三十二年（1553），重建于清乾隆三十一年（1766）。1957 年拆毁了永定门城楼、箭楼和瓮城，2004 年得以原址复建，准确地说是复建了永定门城楼（以下所述均为城楼）。复建前所做的研究和设计工作约始于 2000 年，完成于 2003 年末。设计阶段，我作为主持人和设计者，从搜集资料、提交建筑方案到指导编绘施工图全程投入，亲查、亲勘、亲绘，始终亲力亲为。因而，虽是近 20 年前的事，仍对期间的重要环节记忆犹新，颇有犹在眼前之感。

复建缘起

改革开放以后，国家不仅在经济建设方面取得了重大成就，在文物保护方面的认识也不断提升，接受了国际上历史文化遗产保护的理念，并逐步分出层次，从关注文物点、群组向关注历史街区、城市历史文化的整体性保护扩展。在这个背景下，北京古城中轴线的保护和展示问题被明确提出。

---

* 韩扬，北京古代建筑研究所教授级高级工程师、原所长，中国文物学会传统建筑园林委员会副主任委员。

1999年2月21日，政协北京市第九届委员会第二次会议上，王灿炽委员提交《建议重建永定门，完善北京城中轴线文物建筑》提案，该提案编号为第0536号。提案中指出："为了在北京外城留下一个标志性建筑，完善北京城中轴线文物建筑……特建议市政府、崇文区政府尽快制定重建永定门的规划……使北京城中轴线文物建筑群得到完整的保护。"

2000年6月，北京古代建筑研究所的老所长、著名学者王世仁先生致信市政府领导，倡议复建永定门。王先生提出："永定门、天桥拆除后，中轴线失去了3.1千米[①]，占总长的40%……完整的中轴线也代表了北京的历史文脉。中轴线的门、桥、坊、殿就是文脉的标志，每处都记载着首都的历史变迁。城市失去历史标志，等于失去了记忆，保护好这条中轴线，也就是使后人不至于看到一个失去记忆的城市……恢复它[②]作为古都中轴线南段起点的标志功能，将丧失了40%的中轴线重新连接贯通。"

由是，学界、建筑界许多人士纷纷响应，促成了政府复建永定门的决心。

永定门无疑是北京古城中轴线上不可或缺的建筑元素。复建永定门，具象地重现北京古城中轴线南端点地标，能使中轴线明显地完整起来，也能进一步填补古城城墙四廓边界标识的空缺。由当前中轴线申报世界文化遗产的角度来看，复建永定门对于中轴线的整体性以及整体保护具有突出的贡献。

经过必要的讨论过程，2003年5月22日，北京市文物局发出《关于永定门城楼复建工程及经费的批复》（京文物〔2003〕311号）。其中指出："（复建）列入市政府'人文奥运文物修缮项目'……是2003年市政府'60件实事'项目之一"。

① 全长约7.8千米。

② 指永定门。

关于复建设计的依据

《北京的城墙和城门》首译本书影

接受市文物局交办的“原样重建永定门”的研究设计任务后，首要的事情是掌握 1957 年拆掉的永定门是什么样的、各部分尺寸是多少。虽说我们对北京城楼的形式并不陌生，但那充其量不过是概念性的一般认识。要探究其原样就需要详细、准确的建筑资料。当年信息收集、资料查找绝无今天这般方便，所幸的是，笔者手头上有 1990 年前后购得并读过的一本书——《北京的城墙和城门》（*The Walls and Gates of Peking*）。这本书是根据 1924 年出版的瑞典人奥斯伍尔德·喜仁龙（Osvald Siren）英文原著所译，由许永全翻译、宋惕冰校对，北京燕山出版社 1985 年出版的 32 开本小书（这是国内的首译本，后来再译的两种，书名就都写成了《北京的城墙与城门》）。书前有周谷城先生和侯仁之先生作的序，书中配有 20 世纪 20 年代测绘的永定门图纸和当年拍摄的照片。由这些图纸、照片可以清楚地知道永定门城楼的体量、结构以及各部分的基本做法。遗憾的是，由于缩印、印刷质量不佳和删去了尺条比例尺，必要的细节尺寸难以推敲。

以手头这本小书为线索，经查询我得知了原书的下落。原书是侯仁之先生 20 世纪 40 年代末在伦敦的旧书店偶见并重价买下的，后将此书赠送北京市文物局，藏于北京市文物研究所。于是，我闻讯去寻，并借出扫描了全部永定门图纸、照片。其后，又从中国文物研究所（今中国文化遗产研究院）购得民国年间整修永定门的工程照片和当时的局部工程图纸。

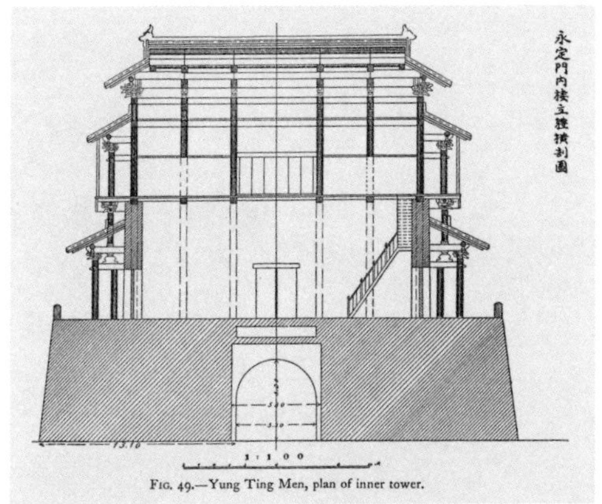

FIG. 49.—Yung Ting Men, plan of inner tower.

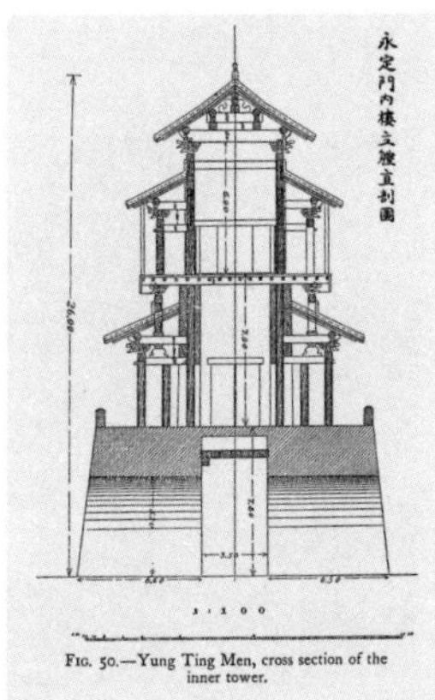

FIG. 50.—Yung Ting Men, cross section of the inner tower.

《北京的城墙和城门》中的永定门测绘图

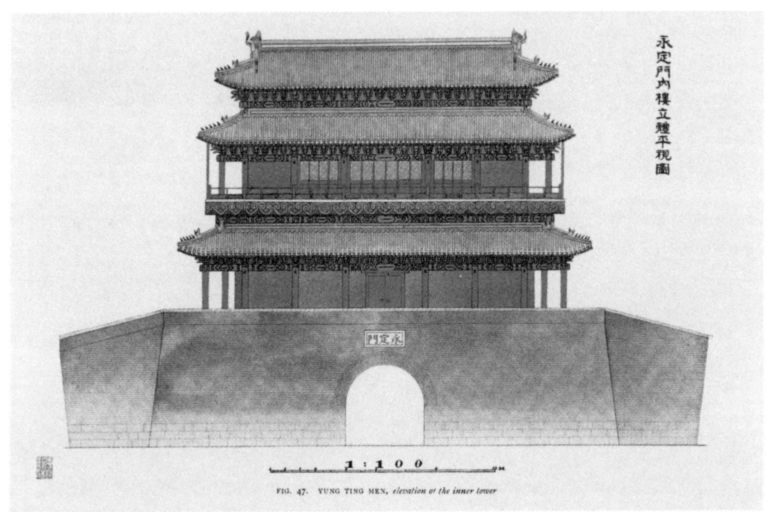

FIG. 47. YUNG TING MEN, *elevation of the inner tower*

《北京的城墙和城门》中的永定门立体平视图

在研究、推考这些宝贵资料（包括一些文字资料）的基础上，始得完成复建的方案设计和施工图设计。由于当年信息收集相对困难等原因，设计中始终没有得到1937年中轴线古建筑测绘成果中的永定门图纸，可谓一大憾事。除上所述，同时期同类建筑的资料和清代官式建筑的习惯做法也是城楼复建设计的重要参考依据。我根据这些资料，在传统的图板上手工编绘了复建的方案设计文件，个别定位图纸则交由同事绘制。

Yung Ting Men
Side view of the whole gate and the moat

Yung Ting Men
Front view of the two towers and the barbican

《北京的城墙和城门》中的永定门旧影

民国年间永定门城楼勘察照片

关于原址复建

原址在哪里

大致的位置谁都知道，但准确的位置就需要有翔实的资料证实。当时我们找到了 1949 年的北京市地图、1955 年绘制的 1∶5000 的地形图；时任北京市文物局文物处处长的王丹江先生还提供了 1954 年北京市房管局测量队测绘的永定门区域地形草图。我们根据这些资料测量、推考城楼与现存先农坛、天坛的空间关系，推定了城楼原来的位置，并将其落在方案设计图纸中。

后来，参考方案设计推定的城楼原址和上述相关资料，北京市文物研究所做了考古发掘。考古成果正好验证了方案设计推定的位置，成为城楼原来所在位置的实物遗存依据。

原址和择址之议

“原址复建”当然是指有依据地建在历史上耸立城楼的位置上，原址复建的意义无须讨论。而当年还有另一个动议，就是在向北退 40 米的位置上重建城楼。因推定的城楼原址正堵在当时永定门桥北桥头，正堵南北交通主干线，北退 40 米重建是既要重建门楼，又要以较小的经济投入解决重建与道路交通矛盾的折中方案。原址和择址比选方案都由设计落在了当时的现状地形图上，征求有关部门意见讨论决定。讨论决定的过程我不得而知，但最终落实了原址复建的方案，这是当时的多数意见。如今回首原址、择址之议，更加明确了原址复建是必须的。试想，北退 40 米重建，破坏了城楼与天坛、先农坛的空间关系，古城和古城墙的四廓边界，以及古城规划中轴线的南端点都将难以界定。

复建地址是否严丝合缝地与原址重合

前文已述，重建永定门的位置由地形图等历史资料推考得到，并由考古成果证实。其间就定位问题征求有关部门、各方意见时，河道管理部门提出按设计定位实施复建将占压“巡河道”的问题，并提出复建时向北退让 2 米的要求。为满足河道管理要求、保证行洪安全，复建位置在原推定位置的基础上向北有所退让。由此，引发了部分人士对“永定门是否建在原址”的疑虑。那么，怎样看待“是否原址”的问题呢？客观而论，原设计定位系由资料推定而来，而所得资料图纸的精度是有限的；又据 2004 年《永定门城址考古发掘情况介绍》中“永定门城址的北墙、东墙、西墙范围基本清楚。南部由于城外河水调直改造，已遭到破坏，具体位置已不可考

永定门城址考古发掘现场

证”可知，城台范围东、西、北界仅为基本清楚；另由现场照片佐证，所见并非可以准确认定的城台边界，考古所见虽有与推定位置的重合，但也仅可证明约略的城台位置。由资料推考和考古判断的不确定性而论，复建城楼只要覆盖在遗存位置，就应确认为原址复建。

原址复建设计中的一个构想

在永定门复建设计过程中，曾有一个鲜为人知的概念性构想。有关部门和某位领导提出：原址重建永定门门楼，门北做广场，广场地下建设城市规划展览馆，并将重建的永定门作为展览馆的一处主要出入口。按此构想，我们设计提交了一份粗线条的、以平面表达为主的展览馆概念设计：地下三层，负三层做停车场；负二、负一层做展陈空间，且将展陈层中央做成贯通负二层、负一层的大面积挑空，以安排城市大沙盘；同时初步考虑了广场、展馆对外交通，以及城市交通与馆舍交通关系等问题。地下总建筑面积约为 1.2 万平方米。后来，推测是由于投入性价比不高和交通处理复杂等原因，这段插曲就无声息了。

复建的城楼怎么会感觉小了

如前所述，以历史上测绘图所示为据设计的永定门城楼，绝无较历史原建体量缩小的可能。感觉上的小只是视觉感受产生的误判。原城楼存在时，周边是较密集的低矮的小体量房屋、狭窄的道路，城楼在环境的衬托之下视觉上一定是高大的；再加上瓮城和箭楼的存在占据了较大的空间，更加强了永定门“大”的感觉。复建后的环境现状是宽敞的道路、宽阔的广场、失去瓮城和箭楼的城楼，消失了低矮建筑的衬托。由是，环境“变大”了，对环境中建筑物的视觉感受就相对“变小”了。通过历史地形图和现状环境的比较可以明显看到环境的巨大变化。另外，以复建建成后才得见的 1937 年中轴线古建筑测绘成果中的永定门资料为佐证，城楼

复建后的永定门城楼

的高度、大小、形制等均与原建无异。

破解原汁原味与现实之需的矛盾

一些业内人士和社会人士十分关注复建的永定门城楼是否原汁原味。“原汁原味”即“历史原貌”，实际上关注的是复建的永定门城楼能否准确展示历史上存在的样貌，包括形式、结构、构造、材料、体量和各部分尺寸等。原址复建，追求“原貌”是一种必然，但同时也必须考虑技术条件、用地条件的限制和当前的功能需求。

比如历史上通过城楼内东西两侧马道登上城台，但复建允许的用地面积有限，无处设置登城马道，不具备按照原建形式登城的竖向交通条件。又如历史上护城河绕过并远离瓮城，城楼内侧是实土，城台浅基础处理就能保证地上建筑的安全。而复建面临的场地条件则是城楼前紧邻 1957 年以后取直的宽阔河道，城楼后紧邻建于地面以下的顺城街下沉道路，这使得夹在河道与下沉道路之中的城楼仍采用浅基础做法必然无法保障建筑安全。再如历史上永定门城下建有供值守、管理使用的功能性房屋，复建城楼则没有相应的设置条件。凡此种种，都是要在设计中妥善处理的问题。

本文作者韩扬

在各种条件限制下，我们设计将城楼工程划分为地下结构、地上正中的城台城楼、城楼东西功能空间三部分，以实现展示目标，满足现实功能需求。地下结构采用深基础，砌体基础下设深桩，确保建筑的安全和结构的耐久性。正中城台城楼按研究成果完全采用传统材料做法，真实再现永定门的历史面貌。城台东西两侧历史上与城台衔接的部分在外观上处理成城墙的样式，同时利用内部空间安置登城的楼梯和管理、值守等必要的功能房间。如是，在有限用地和其他限制条件下实现了设定的设计目标。

此外，历史上与城楼同期共存的瓮城衔接处、东西城墙延伸方向、登城马道登城口门楼、城内值房等凡与城楼衔接或密切关联，但因条件限制不能在复建中实物再现的建构，均在附件体的相应立面位置、地面上用不同手法做了标识，以丰富展示内容。

关于永定门复建的设计种种谨追记到此。至于复建施工图设计经评审批准提交之后，在按图施工的过程中，施工单位如何解决材料困难、如何收集城砖旧料用于复建、如何科学组织施工以保证工程质量和满足工期要求等，虽有耳闻但不得其详，就不是本文能够讲清楚的内容了。

2023 年 4 月

（北京市政协　供稿）

山河无恙　英雄回家

——记我的一件“志愿军烈士遗骸迎回祖国”的政协提案

刘长乐 *

作为一名曾连续任职四届的全国政协委员，我深切感受到政协提案是人民政协行使政治协商、民主监督、参政议政职能的一个重要方面，为党和政府进行决策提供了重要参考，也受到党和政府高度重视。

在 20 年的政协履职生涯中，我提交了近 50 件提案，每一件提案都离不开基于自身专业的用心观察和反复调研。看到一件件提案成为国家一项项政策参考并付诸实施，我倍感欣慰，也正因为这些提案，让我有机会走近一些重大历史事件。回想起来，无限感怀，与有荣焉！

2014 年 3 月 28 日清晨 7 时 30 分，韩国仁川机场大雾弥漫，第一批 437 位中国志愿军烈士遗骸从这里启程回国，将长眠在沈阳抗美援朝烈士陵园。截至 2022 年 9 月 16 日，中韩共进行了 9 次志愿军烈士遗骸交接，共有 913 位中国志愿军烈士在跨过鸭绿江 60 年后，魂归故乡。

2011 年 3 月，我在全国政协十一届四次会议提交了《关于将韩国境内的志愿军烈士墓迁回国内的提案》，呼吁将仍埋葬在韩国的志愿军烈士遗骨迎回祖国。该项提案缘起于凤凰卫视在韩国的一次采访活动。

* 刘长乐，第十、十一届全国政协委员，第十二、十三届全国政协常委，曾任凤凰卫视控股有限公司董事局主席。

2010 年 12 月 29 日，凤凰卫视在“凤凰大视野”《异国青春——抗美援朝 60 周年祭》系列节目中报道了埋葬在韩国坡州“敌军墓地”内的中国志愿军遗骸一事。甫一播出便引发格外关注并被大量转载，引起了强烈反响。许多观众对志愿军烈士遗骨流落异国表示不忍，纷纷呼吁将烈士遗骨迁回国内安葬。

据了解，抗美援朝战争结束后，中朝军队和联合国军根据停战协议，从 1954 年 9 月起进行了大规模的阵亡将士遗体归还工作，此后在各自占领区内发现的小数量敌军遗体，也陆续通过停战军事委员会移交给对方。1991 年 3 月，美军委派韩军将领担任停战委员会首席代表，由于韩军并非停战协议的签署方，朝鲜愤而撤走其驻“军停会”代表团。9 月，中国方面鉴于“军停会”已实际停止工作，决定撤回原驻“军停会”代表。从此，寻找、挖掘和掩埋志愿军遗骨的工作只能告一段落。其后在韩国境内发现的志愿军遗骸，只能由韩国军方草草埋葬。

2007 年 1 月，韩国成立朝鲜战争韩军战死者遗骸发掘工作专业部队“国防部遗骸发掘甄别团”，截至目前共在韩国境内挖掘出 2537 位遗骸，其中有近 200 位中国军人遗骸。韩国首尔显忠祠为挖掘出的韩军遗体举行联合供奉仪式，其余的中国军和朝鲜军遗骸，多数被葬在韩国坡州境内，多年

2010 年夏，凤凰卫视记者在韩国坡州“北韩军—中国军”公墓采访

来无人看管，荒草丛生。

根据凤凰卫视记者采访，该片墓地于 2000 年 2 月金大中任总统时期建立，名为“北韩军—中国军公墓”。它被韩国军方称为“敌军墓地”，园中共有 545 个坟冢，除 200 余位中国志愿军烈士遗骸外，还有朝鲜人民军遗骸和历次北韩向南韩派遣的渗透突击队成员的遗体。关于中国战士遗骸的身份确认，韩国“国防部遗骸发掘甄别团”专家组根据发现地点及遗骸身上的纽扣、皮带和私人物品等因素综合研究判定遗骸身份。墓碑上注明“中国军”字样，一部分标注了遗体被挖掘出土的地点，有的标注了姓名。

据考证，在“三八线”以南的志愿军死亡人员遗体，包括 3 次战役的烈士遗体。分别为：

一是 1950 年冬至 1951 年 6 月志愿军第三、四、五次战役期间，在越过“三八线”的原敌占区作战时牺牲的战士，部队在后撤时就地做了掩埋。

二是 1953 年 7 月朝鲜停战前夕金城战役的烈士，部队在完成战役歼敌任务后撤退时就地在战场进行了掩埋。

三是在“联合国军”战俘营死亡的志愿军战俘烈士。

我国政府历来十分重视革命烈士的祭奠、缅怀工作。目前国内安葬志愿军烈士比较集中的有 3 处，分别是沈阳抗美援朝烈士陵园、丹东市抗美援朝烈士陵园、赤壁市志愿军烈士墓群。抗美援朝战争结束后，在朝鲜境内修建了 200 余处志愿军烈士墓园，只因韩国发现的志愿军烈士遗骸是在曾经的敌军占领地，核查、交接、维护都十分困难，一直没有得到妥善安葬。将烈士遗骸迎回祖国，可以向世人传递这样的信息：国家不会忘记那些为国捐躯者的英灵，缅怀他们并负责到底是国家不可推卸的责任；在国家实力日益强盛的今天，我们有责任也有力量，应该把这件事办好。

各国对烈士的祭奠均十分重视。红场上的无名烈士墓，火炬常年不熄，成为国民凭吊、缅怀革命烈士的圣地。美国国防部也特别设立了战俘

2014 年 10 月 29 日，在韩中国人民志愿军烈士遗骸安葬仪式在沈阳抗美援朝烈士陵园举行（新华社记者潘昱龙摄）

与战争失踪人员办公处，在各地搜寻并迎回美军阵亡士兵遗体。只要发现美军失踪将士的遗骨线索，往往不遗余力，运送回国安葬。

中国历次革命战争牺牲了千千万万的先烈。由于战争条件所限，大多数烈士没有留下姓名，但这些无名烈士也应该得到后人世世代代的祭奠和敬仰。这是一种民族精神的凝聚、传承和弘扬，我们应该高度重视这样一项民族精神的建设工程。

因此，2011 年两会期间，我在政协提案中提出如下建议：一、由中国政府出面，将这次发现的志愿军烈士遗骸迎回国内，在烈士陵园妥为安葬，据我们了解，沈阳抗美援朝烈士陵园已同意接收。我们建议对此做适当的宣传，以弘扬英雄主义传统、增强民族凝聚力，培养青年一代的爱国主义情怀；二、成立寻找战争失踪人员的专门机构或工作组，寻找流落海外的中国烈士下落，条件允许时迁回国内安葬；三、对国内已经存在的无名烈士墓地和纪念设施加强维护，对今后继续发现的各个历史时期的无名

本文作者刘长乐

烈士遗骨，无论是在国内还是境外，都要尽量搜寻并妥善安葬。

提案上交后，民政部回复称将会同有关部门积极研究处理韩国境内志愿军烈士墓的有关问题。同时，已经完成了全国烈士纪念设施普查工作，并已开始实施零散烈士纪念设施抢救保护工作。

2013 年 6 月，时任韩国总统朴槿惠访华期间，向时任国务院副总理刘延东提出在韩志愿军遗骸归还事宜。据我了解，为了协调办理此事，中国外交部、民政部在幕后做了大量工作。最后经双方友好协商后决定，如再发现中国军人遗骸，将定期归还于中方，这就是现在我们接回家的烈士遗骸。

山河无恙，英雄回家。作为一名政协委员，我为能通过提案促成此事，尽一份心力，感到无比欣慰。

2023 年 4 月

传扬民族音乐　唱响文化自信

刘玉婉*

担任第十三届全国政协委员，接受人民的重托参政议政，我深感责任重大、使命在肩，也迫切希望以专业所长作为履职动力，推动我多年来一直关注的中国民族音乐的传承和保护。以前收集整理民间音乐是我单枪匹马的个人爱好，但全国政协委员的新身份，鞭策我必须以更高站位去推动民族音乐的抢救、保护和传承，为国家、为后代做出更有价值的努力。

民族音乐美得让人迷恋。我从事民族声乐演唱 30 多年，因为特别喜爱我国古老的民歌和地方戏曲，从 1987 年起开始自发做“中国民歌和地方戏曲挖掘保存”的相关课题。这些年我去过全国十几个省、自治区、直辖市，其中包括很多少数民族地区和边远山区，有时在老乡家里一住就是好多天，与他们朝夕相伴，听到的、看到的、感受到的都是民间老艺人珍贵的口传心授。那些粗犷的、温婉的、欢快的、悠长的……各式各样的曲调都令我迷恋，一次次沉浸其中、久久回味。那时没有先进录音设备，我到各地采风时，总是随手拎一个小型录音机，带一个厚厚的笔记本，把散落在全国各地的民间珍宝，一颗颗寻觅、收集起来。到目前为止，我收录、整理的第一手民歌资料已经超过了两万首。不同地域、不同风格的音

* 刘玉婉，第十三、十四届全国政协委员，中国歌舞团国家一级演员。

乐遗产记录着文明的演变、文化的承袭、百姓的精神世界，更成就了展示我国传统民族文化魅力的宝库。耳濡目染中，它们也深深影响了我的创作、演唱风格，借鉴传统的民歌元素，我改编的作品已达百余首。这些歌曲受到大家喜爱，我想应该是得益于民族文化的极大魅力吧。

抢救保护民间音乐　建议筹建数字文献平台

民歌老艺人中，一位相识26年的侗族老奶奶已93岁高龄，有时她新发现了民歌小曲，就会欣喜的第一时间告诉我，或者写成手稿让家人拍照给我，有时还会在电话里情不自禁“咿咿呀呀”地唱起来。原生态的民族曲调简直太美了，但老人家年事已高，身体越来越不好，这让我深感急迫：我个人的力量非常单薄，随着老艺人的陆续离世，很多古老的地方民歌面临着失传、断代，民歌、戏曲、曲艺的抢救性保护迫在眉睫。我希望带动更多年轻人投身民歌采风和传承中。

传统文化给后代丰厚养分，中国民族音乐是中华文化的重要载体，是民族精神家园的璀璨花朵。2018年国务院《政府工作报告》中提出，要加强文物保护利用和文化遗产保护传承，建好新型智库，加强互联网内容建设，深入实施文化惠民工程，培育新型文化业态。这给我很大的激励和启发，我提交了《中国应筹建中国民族音乐数字文献平台》的提案，建议从民族音乐资源的保护、开发与数字化应用着手，构建准确、权威、开放、共享的平台，借助科技手段让我国民族音乐更好地得到传承、保护。如何活化我们的民族民间音乐，激发年轻人兴趣，让他们发自内心地爱上本民族传统音乐变得很重要。

第一次当选政协委员，我感到欣喜和荣幸，能站在这个更大的平台上去推动民族民间音乐的抢救性保护传承。第一次参加全国政协会议，我跟其他委员沟通交流时找到了很多共同话题，真是获益匪浅，比如说我在人民大会堂开会时的“同桌”、中国科学院文献中心引文数据库的研究员刘筱敏，她对我的提案想法有很大的帮助。原本，我的提案内容定为“关注中国民族音乐的收集与整理”。刘筱敏委员听后提出：将民族音乐收集和整理起来是件好事，但如果资料只能成为音乐学院、唱片公司或者研究机构的收藏，而不能让更多人听到、了解到、查询到，那不是太可惜了，现在信息技术这么发达，为什么不尝试将这些千辛万苦收集来的内容和数字技术接轨，让更多人分享呢？刘筱敏的话给了我很大触动，同时也为我的提案打开了新的思路。思考之后，我将提案的题目定为《中国应筹建中国民族音乐数字文献平台》。

当下，在公共平台上人们更多能查询到的是流行歌曲，但对于大量的中国民歌、戏曲、曲艺却没有相应的查询平台。因此，我在提案中建议建设权威、开放、共享的中华文化资源公共数据平台以及中国文献战略储备库，从而加强对非物质文化遗产的保护，构建中国优秀传统文化的传承体系。

让民族音乐自然流进年轻人的心里

30 年来，我去过祖国不少地方，从采风收集和收藏的民间艺人的音乐宝库里，我选取喜欢的民歌或者是一段旋律，请作曲家重新改编配器之后演唱。“宝库”给了我们演员和作曲家特别多的灵感。

对于这些民间音乐资源，收集收藏保护的意义固然重要，但我觉得更重要的是传承——活的传承，而不是简单的继承。我认为必须不断创新，但是创新不意味着瞎改乱改，对于传统民歌来说要赋予它新时代的气息和新的表现形式。对于原本大家很熟悉的旋律，以中国元素为基础去转调改编，在传统的基础上做一些小的改变，让人眼前一亮、有新鲜感，让老百姓尤其是年轻人爱听、爱唱，大家才能喜欢上我们的民歌。

儿子现在读高中，他曾明确告诉过我：他不喜欢民歌，“我的同学中

作者参加由全国政协文化文史和学习委员会、政协广西壮族自治区委员会送文化下基层活动

没有听民歌的，太老土了”！他喜欢节奏比较快的音乐和外国流行音乐。对于中国民歌，我虽然没有逼迫他一定喜欢，但就是想影响他，尽量创造条件让他去感受和认知。从小学开始，赶上学校假期，我一般会带上他去各地采风。刚开始的时候，他经常“大惊小怪”地说：“妈妈，他们打水唱歌，砍柴也唱歌……洗衣服、掰玉米的时候也唱歌……”虽然他听不懂当地人唱什么，但是被他们在劳作时唱歌的快乐所感染。不久前，儿子参加在东京举办的数字音乐钢琴大赛，他自己创作的钢琴曲得了大奖，评委都说音乐旋律太精彩了，曲里的小调和转调用的正是中国传统的民族音乐元素。儿子说：“这段音乐旋律一直在我脑子里，写的时候一下子就流出来了。”这就是中国的传统音乐元素啊，越是民族的越是世界的。自那以后，他对民歌、民族音乐的态度也发生了变化。最近，学校举办音乐会，儿子唱了一首民族风浓郁的歌曲——《呼伦贝尔大草原》。所以，我认为民族音乐的教育需要耳濡目染的熏陶，慢慢会开花结果的。

在如今的社会，人们很方便就能获得来自世界各地的音乐，这对于传统民族音乐的欣赏和普及冲击很大。我觉得孩子们并不是真的不爱听中国民乐，而是接触的机会太少，而且能接触到的民族音乐种类远远不够丰富。

在新时代赋予传统民歌以新力量

在全球化的今天，人们的审美也发生了变化，更希望能赋予传统民歌以新的力量。中国是拥有 56 个民族的大家庭，民歌真是太丰富了，有取之不竭的宝藏。历经时代的变化，民歌产生了很多的变化，民族唱法也催生了很多新的概念和创新，民歌发展的潜力很大。但是，我认为民族唱法和地方语言一定要相结合，每一首民歌都表达了特定地域的人文风情和那里人们的情怀。

要想让更多的人听、更多的人喜欢甚至更多人传唱中国传统民歌，就需要赋予它们新的力量、新的生机和新的色彩，让它们更符合现代人的审美。但是，民歌的魂——中国元素是不能变的。比如大家耳熟能详的民歌《茉莉花》，其优美的旋律曾因意大利作曲家普契尼的歌剧《图兰朵》而传遍全世界，可是中国好听的《茉莉花》不止这一个曲调。我曾经开过一场以茉莉花为主题的音乐欣赏会，演唱了 12 首中国各地的民歌《茉莉花》，山西的、陕西的、山东的……观众都惊讶我们中国的民歌太丰富太美妙了。

深入生活，扎根人民，是文艺工作者开展艺术创作的重要遵循。作为一名新委员，2018 年我多次参加政协会议和专题调研活动，赴海南考察公共文化建设并开展“送文化下基层”活动，深入保亭黎族苗族自治县响水镇和长流镇美德村，在雨中为百姓慰问演出，深入西沙群岛的边防海岛、军营哨所，为赵述岛和永兴岛的驻岛官兵演出。我演唱了一首《老父亲》，现场的气氛让我泪洒舞台，也感染了台下的驻岛官兵。他们要在岛上 3 个月做轮换，非常的艰辛，记得有个刚毕业的驻岛战士，我们俩合唱

本文作者刘玉婉

一首《康定情歌》，和台下的官兵一起互动，场面非常温馨感动。在响水镇演出时，赶上大雨，没有一个演职人员在台上打伞，全身心地演出，用真情打动了台下的老百姓。通过这一年的学习，多种形式的履职活动给了我更多了解专业以外知识的机会，使我拓展了眼界，扩充了知识储备，更加深刻地了解了政协委员的责任和义务，强化了履职能力。

作为文艺工作者，我们承载着传播文化和探索真理的社会使命，我也迫切希望以专业所长作为履职动力，深入调研提出高质量的提案，推动多年来一直关注的中国民族音乐、戏曲、曲艺的传承和保护。将继承民族音乐、文学、书画的工作，上升成为德育和美育的重要内容，是新时代引领青年一代，开拓民族自信、民族自尊、民族自强形象的支点。我们的国家正处在一个新的历史起点上，音乐数字大平台的建立正是文化振兴的航母，中国人的精神要在这里起航、远行。我将进一步加强学习，交好履职作业，做一名合格的政协“新兵”。

2019 年 5 月

杂忆

我是怎样编配《康定情歌》的

江定仙*

《康定情歌》又名《跑马溜溜的山上》，大约是在 1946 年写的。原曲调不是我自己收集的，是青木关音乐院①一位学声乐的福建同学②通过男高音歌唱家伍正谦转交给我的。伍准备举行独唱音乐会，希望我将它编成用钢琴伴奏形式，可作为音乐会演唱节目之一的乐曲。我答应了他，并在伍的音乐会上由我自己弹琴。第一次在南京公开演出，歌曲受到听众的热烈欢迎，出乎我意料。

为什么会受到听众的欢迎？从现场的效果来看，第一，它曲调优美，有新鲜感；第二，中国歌，词义明白，听众可以琢磨它的意味。从歌唱家来说，它音域适度，音区能发挥人声特点，曲调反复多次，每次钢琴上的弹奏都有新意，便于“雅俗共赏”。

我首先抓住中国人民质朴、含蓄的感情特点，它虽然不像一首地道的山歌（我觉得它类似城市平民歌曲），但总是一首质朴的民间歌曲，编配时切忌在钢琴上花哨太多，否则反觉庸俗。在手法上要精练、得体。所谓

---

* 江定仙：第五、六、七届全国政协委员，中央音乐学院教授，曾任作曲系系主任、副院长。

① 1940 年，国立音乐院在重庆沙坪坝青木关成立，抗战胜利后迁往南京。

② 此处所提的同学，经王震亚等几位老师回忆应为 1943 年在青木关时期入学的吴文季。

1946 年，江定仙与学生在重庆青木关国立音乐院的留影。这个班上的同学是“山歌社”的主要发起人和骨干。前排左起：郭乃安、伦宝珊、江定仙、华蔚芳、王震亚；后排左起：朱石林、杨琦、严良堃、伍雍谊、谢功成、孟文涛、潘名辉、李兆鸿

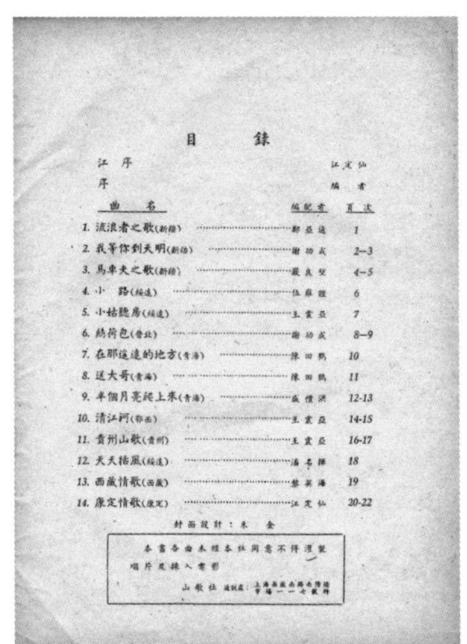

目　錄

江序　江定仙

序　編者

曲名	編配者	頁次
1. 流浪者之歌(新疆)	鄭益遠	1
2. 我等你到天明(新疆)	謝功成	2—3
3. 馬車夫之歌(新疆)	嚴良堃	4—5
4. 小　路(綏遠)	伍雍誼	6
5. 小姑聽房(綏遠)	王震亞	7
6. 綉荷包(晉北)	謝功成	8—9
7. 在那遥遠的地方(青海)	陳田鶴	10
8. 送大哥(青海)	陳田鶴	11
9. 半個月亮爬上來(青海)	盛禮洪	12-13
10. 清江河(鄂西)	王震亞	14-15
11. 貴州山歌(貴州)	王震亞	16-17
12. 天天括風(綏遠)	潘名揮	18
13. 西藏情歌(西藏)	黎英海	19
14. 康定情歌(康定)	江定仙	20-22

封面設計：朱　金

本書各曲未經本社同意不得灌製唱片及採入電影

山歌社

1948 年出版的《中国民歌选》书影

“精练”，就是每一个音符都要起到它应有的作用，堆砌只是一种不成熟的表现。多数作曲家的优秀作品都具有这个特点，都经历过“由少到多，由多到精”这样一个过程。所谓“得体”，就是不管你用什么方法写，都要在内容、风格、题材、音调等方面相互协调，形成一个和谐的整体，无论乐曲的大小和难易。《康定情歌》是一首抒情短歌，它的每段音乐对比性并不那么强烈，根据变奏的原则，在钢琴上都做了不同的处理。

晚年的江定仙

在青木关音乐院教学时，看到我们的同学组织“山歌社”，大唱山歌并用其所学加以改编，增加新元素，这对我编这首民歌有很大的鼓舞。我在此应感谢他们!

音乐本来自人民，应该将它提高后再还给人民。许多大作曲家在他们的交响大曲中不也有采用民间音调进行艺术加工的吗？编配民歌是学习、研究音乐的基本功之一。

1987 年 6 月

珍藏

刘斐、刘王立明手稿

刘 斐

刘斐（1898—1983），字为章，湖南醴陵人。中国人民政治协商会议第五届全国委员会副主席。1927 年大革命失败后留学日本，从日本陆军大学毕业回国后，任国民党军第五路军少将高参兼广西民团干部学校教育长，帮助白崇禧培养民团骨干，奔走宣扬反蒋抗日。1936 年，刘斐奉命策动广东陈济棠联合桂系反蒋，西南事变爆发后，又应程潜之约，积极为蒋、桂和解斡旋。抗日战争胜利后，刘斐任国防部参谋次长、国民党候补中央执委。1949 年 4 月，任国民政府和平谈判代表团代表，赴北平参加国共和谈。同年 8 月，脱离国民党反动集团。9 月，以特邀人士身份出席中国人民政治协商会议第一届全体会议。中华人民共和国成立后，曾任中央人民政府人民革命军事委员会委员兼国防研究小组副组长、中南军政委员会委员兼水利部部长、体育运动委员会主任，第二至四届全国政协常委，第五届全国政协副主席，第一至三届全国人民代表大会代表，第四、五届全国人大常委会委员，民革中央副主席。1983 年因病在北京逝世。

刘王立明

刘王立明（1897—1970），安徽省太湖县人，中华妇女节制会创立者和领导人，中国妇女运动杰出领袖之一，著名的国际妇女运动代表。沪江大学校长刘湛恩的夫人。1928 年 1 月，年仅 31 岁的刘湛恩博士被聘为沪江大学校长，他对这所宗教气息浓郁的大学进行了改革。九一八事变后，刘湛恩积极参加抗日救亡运动并培养优秀青年参加抗日救国。刘王立明一家见证了沪江大学的发展。1949 年 9 月，刘王立明被推选为中国人民政治协商会议第一届全体会议代表。中华人民共和国成立后，任第二届全国政协常委，第二至四届全国政协委员。曾任中华妇女节制会会长，世界妇女节制会副主席，政务院政法委员会委员，全国妇联第一、二届常委，民盟中央委员等职。1970 年 4 月去世。

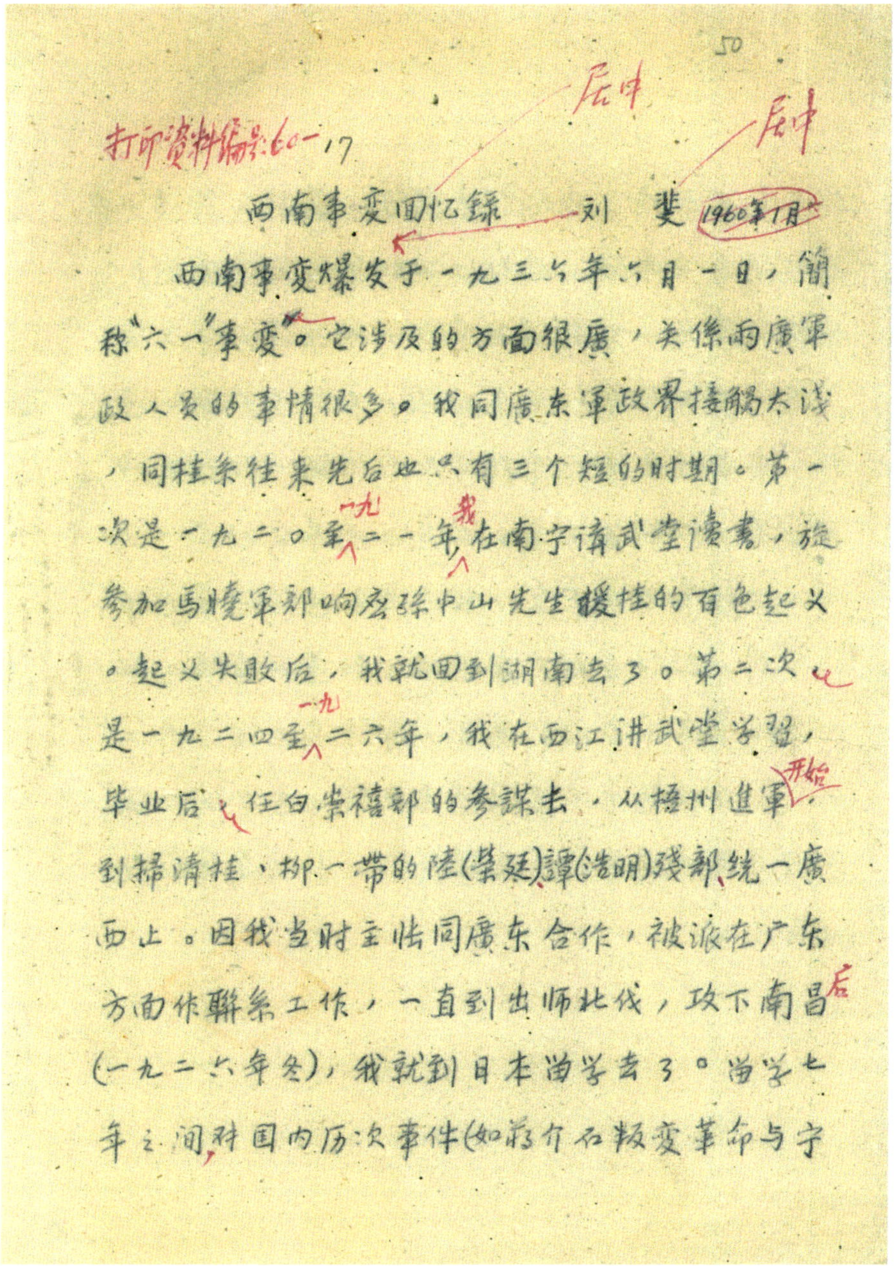

打印资料编号：60-17

居中

居中

西南事变回忆録 刘斐 1960年1月

西南事变爆发于一九三六年六月一日，簡称"六一"事变。它涉及的方面很廣，关係两廣軍政人员的事情很多。我同廣东軍政界接觸太浅，同桂系往来先后也只有三个短的时期。第一次是一九二〇至一九二一年，我在南宁講武堂读书，旋参加馬曉軍部响应孫中山先生援桂的百色起义。起义失敗后，我就回到湖南去了。第二次是一九二四至一九二六年，我在西江讲武堂学习，毕业后任白崇禧部的参謀長，从梧州開始進軍到掃清桂、柳一带的陸(榮廷)譚(浩明)残部，统一廣西止。因我当时主張同廣东合作，被派在广东方面作聯系工作，一直到出师北伐，攻下南昌后(一九二六年冬)，我就到日本留学去了。留学七年之间，对国内历次事件(如蒋介石叛变革命与宁

刘斐《西南事变回忆录》手稿（一）

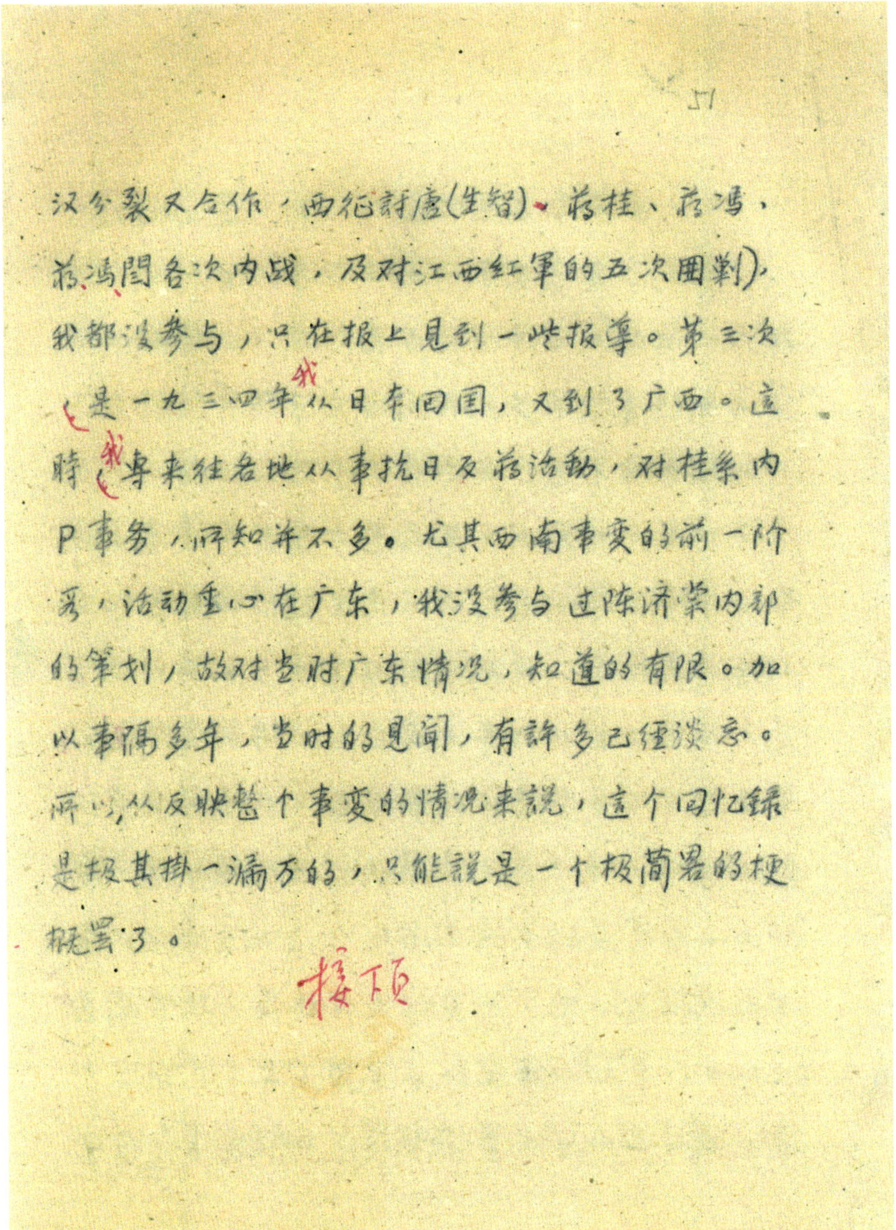

57

汉分裂又合作，西征讨唐(生智)、蒋桂、蒋冯、蒋冯阎各次内战，及对江西红军的五次围剿)，我都没参与，只在报上见到一些报導。第三次是一九三四年我从日本回国，又到了广西。這時我專来往各地从事抗日反蒋活動，对桂系内部事务，所知并不多。尤其西南事变的前一阶段，活动重心在广东，我没参与過陈济棠内部的策划，故对当时广东情况，知道的有限。加以事隔多年，当时的見聞，有許多已經淡忘。所以，从反映整个事变的情况来說，這个回忆録是极其掛一漏万的，只能說是一个极简畧的梗概罢了。

接下页

刘斐《西南事变回忆录》手稿（二）

52

2.

一、西南方面与蒋介石对立的历史过程

"六一"事变前，西南方面与蒋介石的对立，主要是粤、桂两省军阀与蒋介石的对立，其中以桂系军阀李宗仁和白崇禧为主要因素。

桂系军阀李（宗仁）、白（崇禧）、黄（绍竑），是从旧桂系陆荣廷、谭浩明的林虎部和马晓军部分化出来的。远在一九二一年，中山先生遣粤军（陈炯明所部熊略等）援桂，并亲自到桂林誓师准备北伐时，桂军马晓军部在百色起义，响应孙先生。陆、谭前线因顶不住粤军的压力，就向百色后方退却，他们以两万多人的优势兵力包围劣势的马晓军部（一千多人）於百色城内，将其全部缴械。当時白崇禧和黄绍竑都是马部的营长，白崇禧只身由城墙上跳出来，率领驻城外仅存的一个连（我即在这连），逃到黔桂边界。后来粤军继续深オ！ワカッタ！

130　44.

机到广西表演过，他们派一个飞机驾驶员和几个机械手飞去表演一下就走了（因为飞机并没有买到）。可能曾买到过少量的步骑枪，是由几个搭油头的浪人搞的。

此外，还搞来过一个日本少校军官，带来了几名下士，帮助广西训练干部，大约搞了三个月左右。那时是一九三五年，李宗仁总司令部的墙上，悬挂着斗大字的抗日标语。有一次我在总部门口见那个日本少校对着那些标语出神，并自言自语地说："お！わかった！"意思是说："啊！我知道了！"大概他这时才知道原来广西是要抗日的，当然他不会想到有人听懂他的话。可能是他们觉得广西不可靠，所以飞机一直没有买来。李宗仁当然也不愿意先好处而背个臭名声，因此短期内就辞退了他们。

至於广东方面同日本有没有勾搭，我不知道。

一九六〇年一月

刘斐《西南事变回忆录》手稿（四）

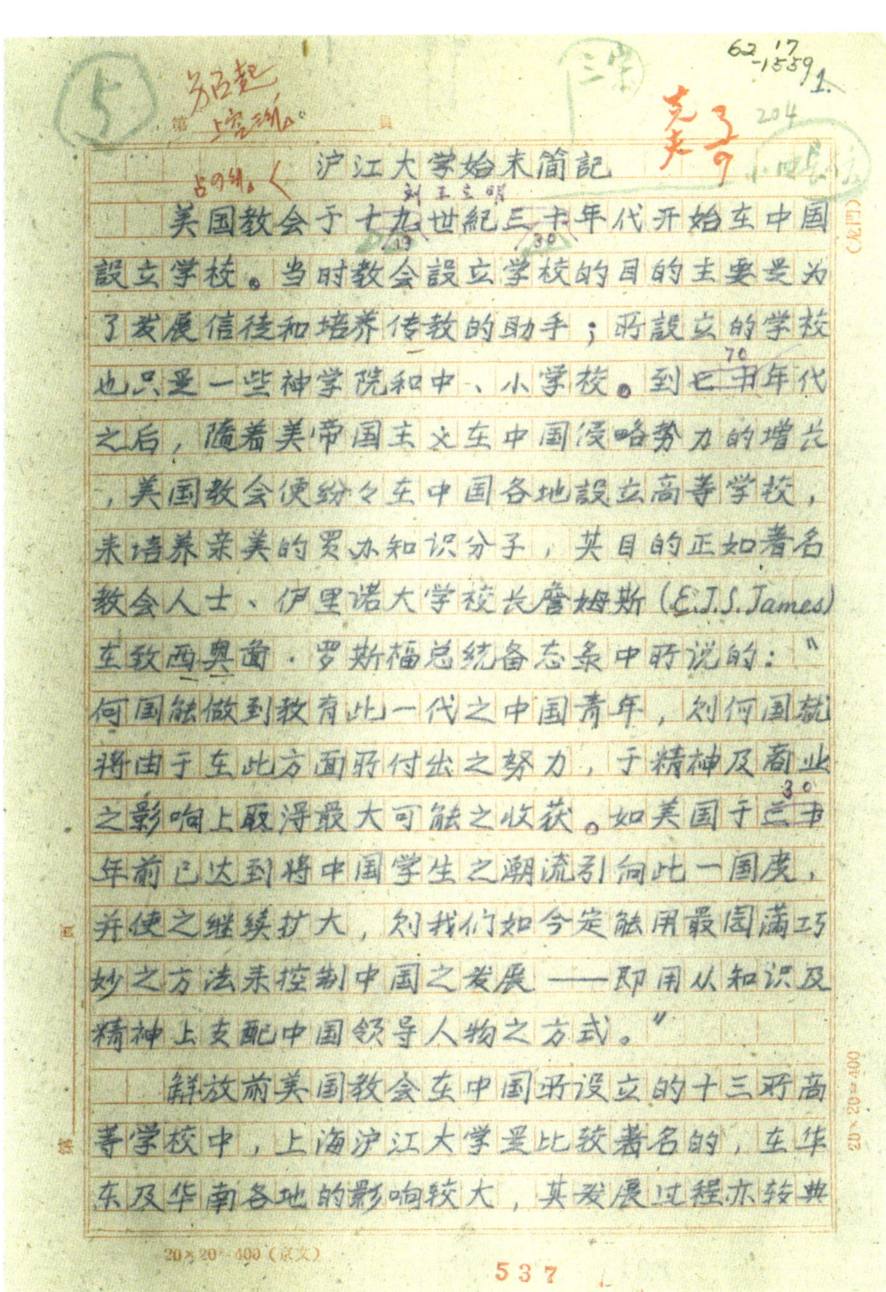

沪江大学始末简記

刘王立明

美国教会于十九世纪三十年代开始在中国設立学校。当时教会設立学校的目的主要是为了发展信徒和培养传教的助手；所設立的学校也只是一些神学院和中、小学校。到七十年代之后，随着美帝国主义在中国侵略势力的增长，美国教会便纷纷在中国各地設立高等学校，来培养亲美的买办知识分子，其目的正如著名教会人士、伊里诺大学校长詹姆斯（E.J.S. James）在致西奥多·罗斯福总统备忘录中所说的：“何国能做到教育此一代之中国青年，则何国就将由于在此方面所付出之努力，于精神及商业之影响上取得最大可能之收获。如美国于三十年前已达到将中国学生之潮流引向此一国度，并使之继续扩大，则我们如今定能用最圆满巧妙之方法来控制中国之发展——即用从知识及精神上支配中国领导人物之方式。”

解放前美国教会在中国所设立的十三所高等学校中，上海沪江大学是比较著名的，在华东及华南各地的影响较大，其发展过程亦较典

20×20=400（京文）

537

刘王立明《沪江大学始末简记》手稿（一）

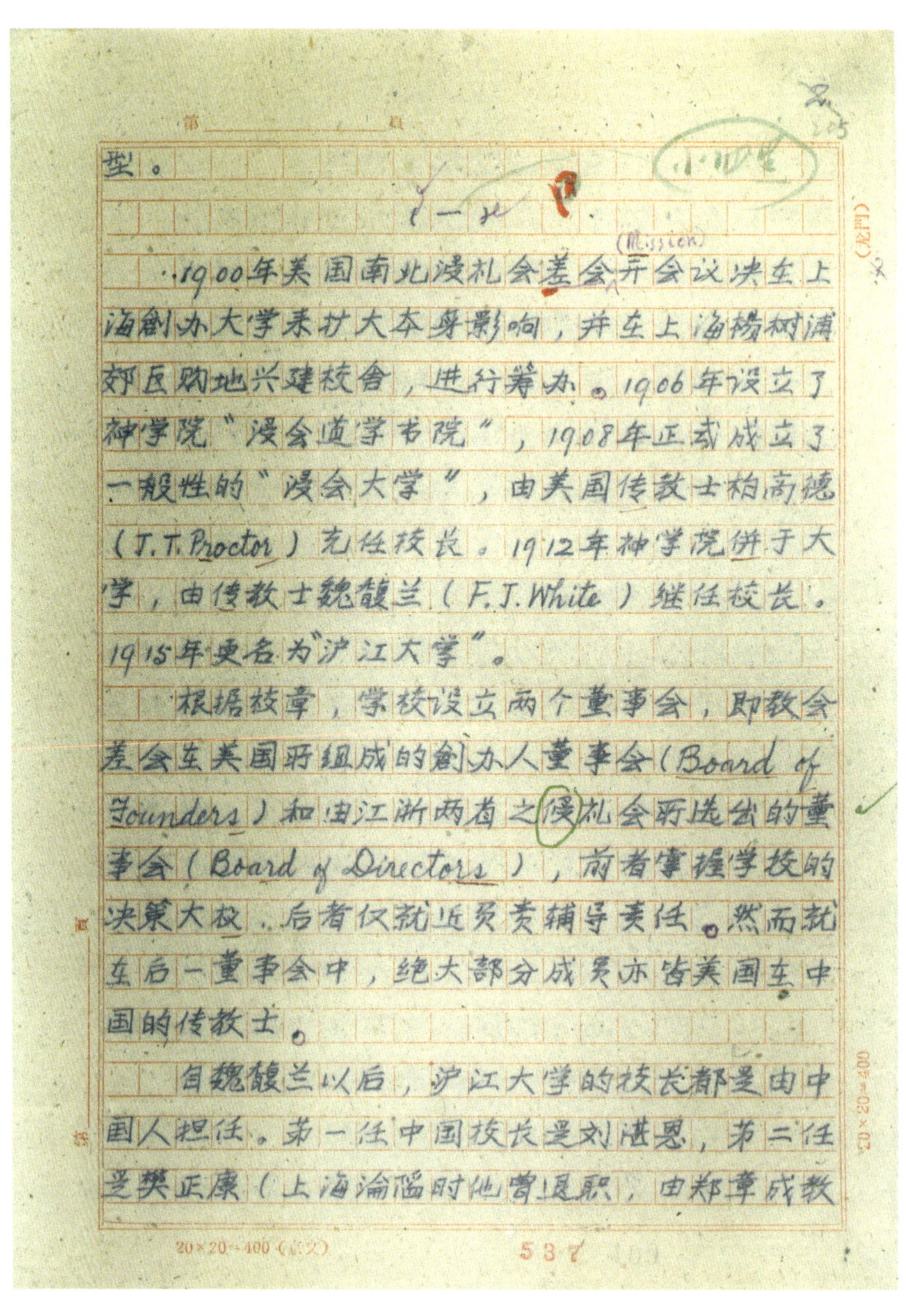

型。

1900年美国南北浸礼会差会(Mission)开会议决在上海创办大学来扩大本身影响，并在上海杨树浦郊区购地兴建校舍，进行筹办。1906年设立了神学院"浸会道学书院"，1908年正式成立了一般性的"浸会大学"，由美国传教士柏高德（J.T.Proctor）充任校长。1912年神学院併于大学，由传教士魏馥兰（F.J.White）继任校长。1915年更名为"沪江大学"。

根据校章，学校设立两个董事会，即教会差会在美国所组成的创办人董事会（Board of Founders）和由江浙两省之浸礼会所选出的董事会（Board of Directors），前者掌握学校的决策大权，后者仅就近负责辅导责任。然而就在后一董事会中，绝大部分成员亦皆美国在中国的传教士。

自魏馥兰以后，沪江大学的校长都是由中国人担任。第一任中国校长是刘湛恩，第二任是樊正康（上海沦陷时他曾退职，由郑章成教

20×20=400（京文） 537

刘王立明《沪江大学始末简记》手稿（二）

206
3

授代理，抗战胜利后樊又复职），第三任是凌宪扬，最后一任是余日宣，直到1952年沪江裁撤为止。

（三）

自1908年开办到抗战前的三十年间，沪江大学有了很大的发展。校园由一百六十五亩扩充到三百余亩，校舍由一幢扩充到三十余幢，学生也由初办时的四人增到九百余人，其中女生占四分之一左右。初办时学校仅设有宗教课程及国文、英文、格致三门课程，此时已发展到文、理、商三学院，二十系，并在校内附设研究院及中、小学校和幼稚园，各级学制齐备。开始时学生来源主要是依赖附中毕业生及浸礼会在上海和江浙两省所办之中学毕业生，后来与华中及华南各地教会中学均建有"保送"关系，港澳及南洋和夏威夷群岛等地华侨子弟及朝鲜青年亦有不少前来投考。

沪江大学之迅速发展和美帝国主义对我国侵略之日益加深是分不开的。随着美帝国主义在中国所设之银行、企业及文化事业之日益

537

20×20=400（京文）

刘王立明《沪江大学始末简记》手稿（三）

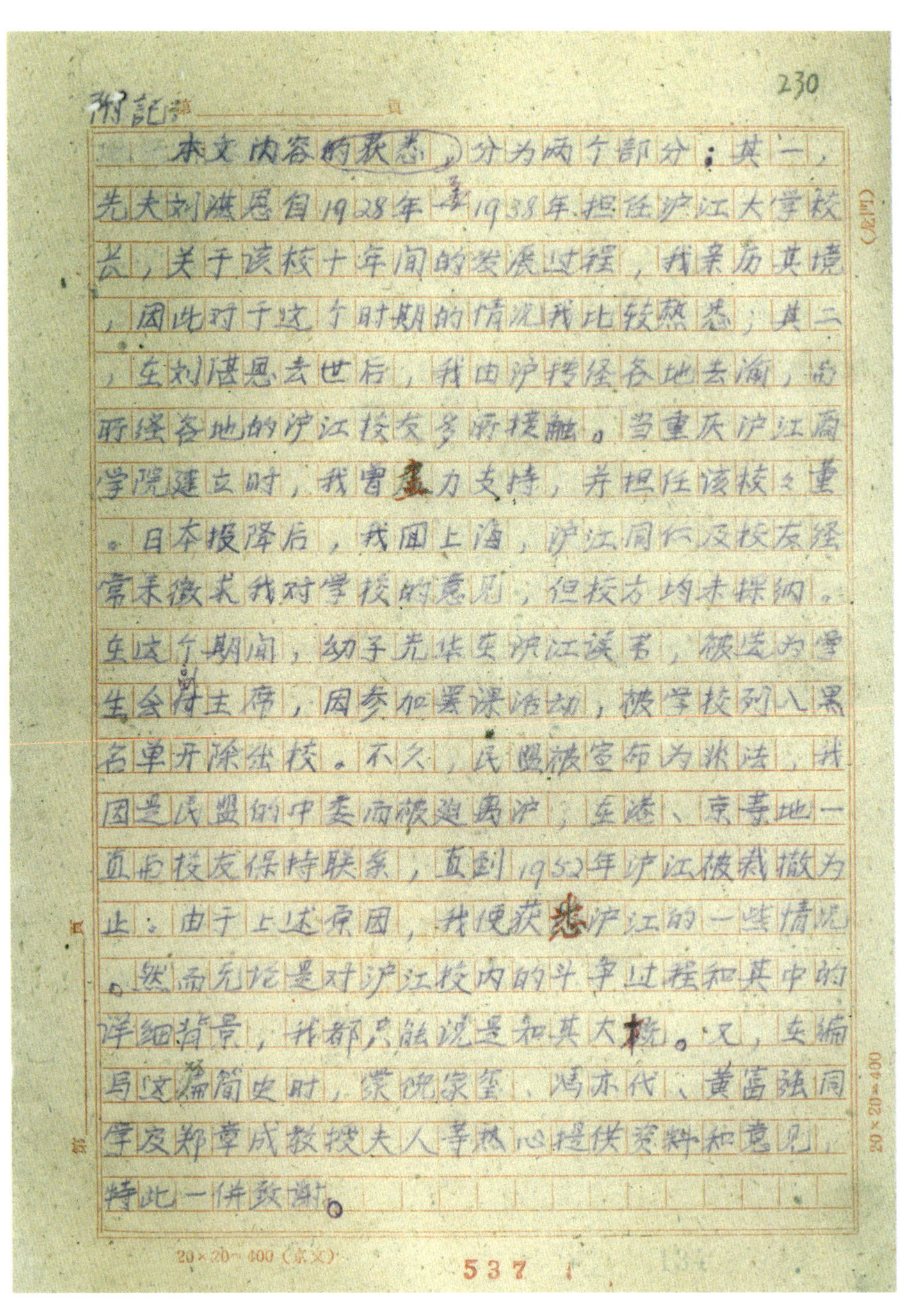
附記：

本文内容的获悉，分为两个部分：其一，先夫刘湛恩自1928年至1938年担任沪江大学校长，关于该校十年间的发展过程，我亲历其境，因此对于这个时期的情况我比较熟悉；其二，在刘湛恩去世后，我由沪转经各地去渝，与所经各地的沪江校友多所接触。当重庆沪江商学院建立时，我曾尽力支持，并担任该校校董。日本投降后，我回上海，沪江同仁及校友经常来征求我对学校的意见，但校方均未采纳。在这个期间，幼子光华在沪江读书，被选为学生会副主席，因参加罢课活动，被学校列入黑名单开除出校。不久，民盟被宣布为非法，我因是民盟的中委而被迫离沪，在港、京等地一直与校友保持联系，直到1952年沪江被裁撤为止。由于上述原因，我便获悉沪江的一些情况。然而无论是对沪江校内的斗争过程和其中的详细背景，我都只能说是知其大概。又，在编写这篇简史时，蒙倪家玺、冯亦代、黄菡强同学及郑章成教授夫人等热心提供资料和意见，特此一併致谢。

刘王立明《沪江大学始末简记》手稿（四）